Knock! Knock!

우리 아이의
수학적 잠재력을 깨워주는

창의력 수학

노크

B1

교통으로
배우는 수학

이 책을 보시는 부모님들께

머리가 좋아야 수학을 잘 한다는 말이 있습니다. 또, 수학을 잘 못하는 아이는 아빠, 엄마의 머리를 물려받아서 그렇다는 등의 난데없는 유전자 논쟁이 벌어지기도 합니다. 하지만 많은 사람들의 일반적인 생각과는 달리 이는 근거없는 이야기입니다. 외국의 한 연구 기관에서 언어, 사회, 수학, 과학의 네 가지 분야 중 어떤 것이 아동의 선천적 재능에 영향을 받는지 조사한 연구 결과를 발표했는데 일반적인 예상과는 다르게 선천적 재능에 영향을 받는 순서는 사회, 언어, 과학, 수학 순이었습니다. 다시 말해, 수학은 여러 학문 분야 중 선천적인 재능보다는 후천적인 환경이나 교육자, 학습자의 노력에 가장 큰 영향을 받는 학문이라 볼 수 있습니다. 수학의 가장 기본이 되는 '수 영역'의 예를 들어 보겠습니다. 아이들이 수를 처음 접하는 시기의 차이는 있지만 실제 수에 대한 감각과 수를 다루는 연습은 생활 속에서의 체험이나 다양한 활동, 학습 속에서 이루어집니다. 즉, 수학의 가장 기본이 되는 수는 선천적으로 가진 재능과는 거의 연관이 없으며 자라나면서 어떤 환경에 놓이는지, 얼마나 많이 수를 생각할 수 있는 기회가 있는지, 나이에 맞는 올바른 학습을 만날 수 있는지에 좌우됩니다. 그러므로 아이의 수학적 발달에 문제가 있다면, 그 아이가 누구를 닮아서 그런지, 지능이 떨어지는지를 따질 것이 아니라 수학적 힘을 기를 수 있는 학습 환경을 어떻게 만들어줄 것인가를 고민해야 합니다.

국제영재교육연구소의 랜즐리 소장은 영재의 기준을 마련하기 위해 여러 연구를 시행한 결과, 영재의 공통적인 특징들을 발견하였습니다. 첫째는 115 이상의 지능지수(IQ), 둘째는 창의력(Creativity), 셋째는 동기적 요소라고 부르는 끈질긴 근성과 과제집착력이었습니다. 이들 세 가지 요소 역시 선천적으로 타고 나는 부분도 물론 있겠지만 대부분 후천적인 학습이나 교육 활동을 통해 기를 수 있는 능력이라는 데에 이의를 제기하기는 힘듭니다.

이 처럼 수학적 능력은 후천적 학습 환경에 주로 좌우되며, 특히 어린 시절에는 그러한 경향이 더더욱 두드러집니다. 하지만 우리의 아이들을 둘러싼 수학적 환경을 다시 한 번 돌아봅시다. 초등학교를 들어가기 전부터 과도한 학습량과 무의미한 반복 활동, 이후의 수학 학습에 오히려 방해가 될 정도로 무리한 선행 학습 등의 환경은 아이의 수학적 힘을 길러주기보다는 수학에서 가장 중요한 창의적 사고력을 기를 수 있는 기회를 박탈함과 동시에 수학에 대한 흥미를 급속하게 떨어뜨리게 하여 수학으로 문제를 해결하려는 의지, 즉 수학적 동기를 스스로에게 부여하는 것을 불가능하게 만들어 버립니다. 중요한 것은 남들보다 먼저, 그리고 더 많이 수학적 지식을 머리 속에 주입하는 것이 아니라 태어나서부터 누구나 가지고 있는 수학에 대한 관심, 그리고 수학으로 생각하는 힘을 일깨워주는 것입니다.

수학을 잘할 수 있는 힘,

수학적 잠재력은 이미 여러분 아이들의 머릿 속에 줄곧 있어왔습니다. 단지 어떤 아이는 그것을 찾아내어 드러낼 수 있었고, 어떤 아이는 꼭꼭 숨긴 채 평생 드러나지 않을 뿐입니다. 이러한 수학적 잠재력에 대한 참신한 자극 – 생각을 두드리는 '노크'를 제안하려 합니다. '노크'는 수학적 지식과 스킬만을 무리하게 밀어넣지 않습니다. 왜 수학을 해야 하고, 어떻게 수학으로 가능한지 끊임없이 스스로 생각하게하는 계기로서의 활동이 되려 합니다. 일상으로부터 괴리된 학문으로서의 수학이 아닌, 삶을 살아가며 반드시 키워야 할 논리적, 합리적 사고력을 기를 수 있는 누구에게나 가장 중요한 경쟁력으로서의 수학을 주장합니다. '노크'야말로 새로운 수학 학습의 길을 보여주는 방향타가 될 것입니다.

한 현 조

구성과 특징

❋ 흥미로운 단원 도입

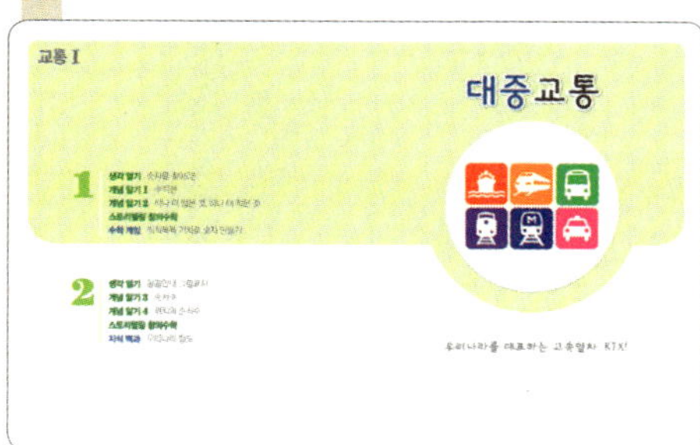

테마 Story

- 이야기의 주제와 단원 내용을 소개함으로써 학습 내용에 흥미를 가질 수 있도록 합니다.
- 단원과 관련된 그림과 질문을 통해 배울 내용을 미리 생각해 볼 수 있습니다.

수학 이야기

- 재미있는 이야기를 통해 학습 주제에 대한 흥미와 관심을 높일 수 있습니다.
- 과학, 예술, 역사, 수학사, 실생활 등 다양한 이야기를 수학적 개념과 관련지어 수학의 가치와 필요성을 느낄 수 있도록 합니다.

❋ 창의적인 내용 전개

💡 생각 열기

- 수학적 개념, 원리, 법칙을 자유로운 생각과 다양한 활동을 통해 발견할 수 있도록 합니다.

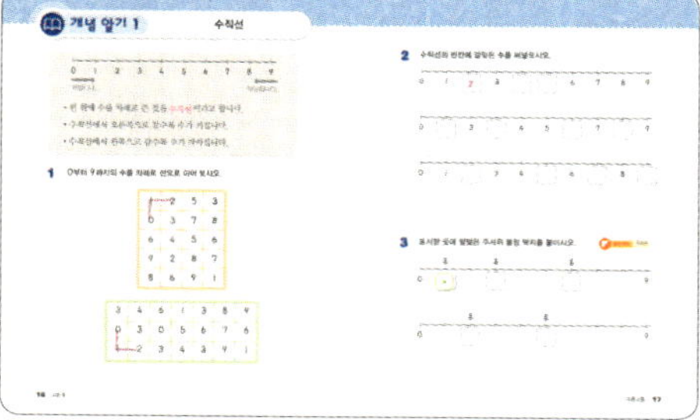

📖 개념 알기

- 단원별 4개의 소주제를 제시하였고, 학습 목표를 쉽게 이해할 수 있도록 설명해 놓았습니다.
- 기본 유형 문제와 간단한 응용 문제로 구성되어 있어 수학적 사고력을 단계적으로 기를 수 있습니다.

이야기 수학_ 이야기 속 문제 상황을 통해 호기심을 유발하고, 단원에서 배우게 될 내용을 예측하고 발견할 수 있도록 하였습니다.

사고력 수학_ 주제별 기본개념을 이해하고, 확인학습을 통해 개념을 익히고 다질 수 있도록 하였습니다.

창의력 수학_ 다양한 방법으로 심화 문제를 해결함으로써 문제 해결 능력, 의사소통 능력, 추론 능력을 향상시킬 수 있도록 하였습니다.

✳ 창의사고력 심화 학습

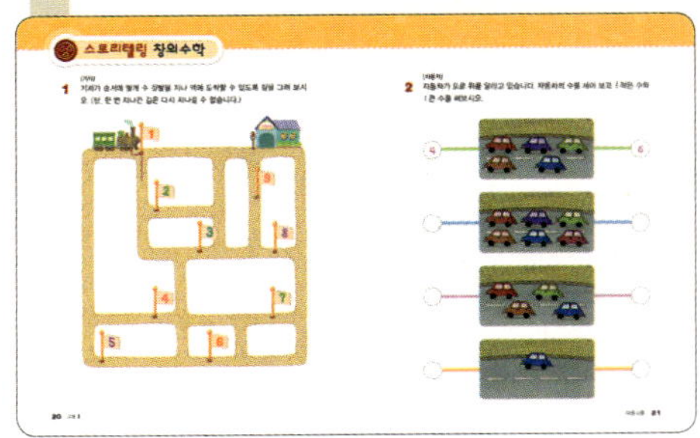

🔴 스토리텔링 창의수학

● 주제와 관련된 창의 사고력 수학 문제를 제시하여 학습 내용을 좀 더 다양하고 깊게 탐구해 볼 수 있습니다.

● 다른 학문 분야나 생활 속 현상 등과 같은 다양한 소재로 문제 해결력, 융합적 사고력을 기를 수 있습니다.

✳ 재미있는 활동과 읽을거리

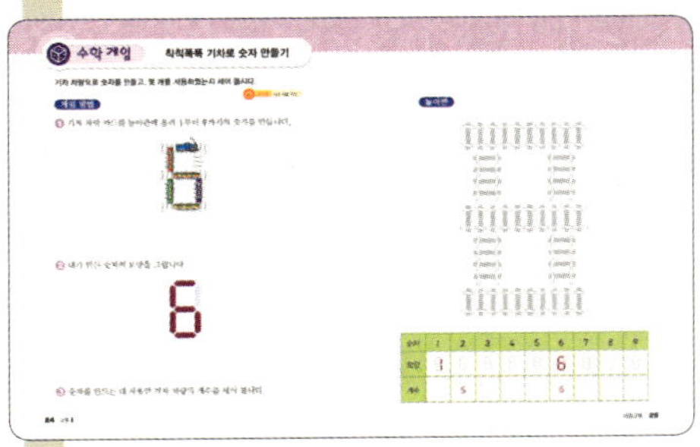

🔵 수학 게임

● 만들기 활동으로 수학에 관심과 흥미를 가지고 수학의 가치를 이해하며, 자연스러운 학습으로 자신감을 키울 수 있습니다.

● 수학 게임으로 재미있게 수학을 학습하고, 게임의 규칙과 승리 전략을 탐구하며 논리적인 사고력을 기를 수 있습니다.

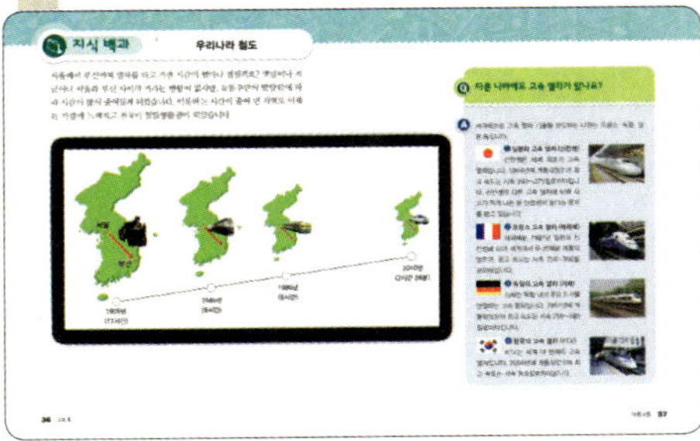

🟢 지식 백과

● 각 단원의 마지막에 있는 읽을거리로 사회, 과학, 예술 및 실생활 사례 등을 수학적으로 바라볼 수 있도록 하였습니다.

● **Q A**는 지식을 업그레이드 할 수 있는 코너로 아이들 눈에 궁금할 수 있는 질문과 그에 대한 명쾌한 답을 실었습니다.

✳ 빠른 답과 바른 풀이

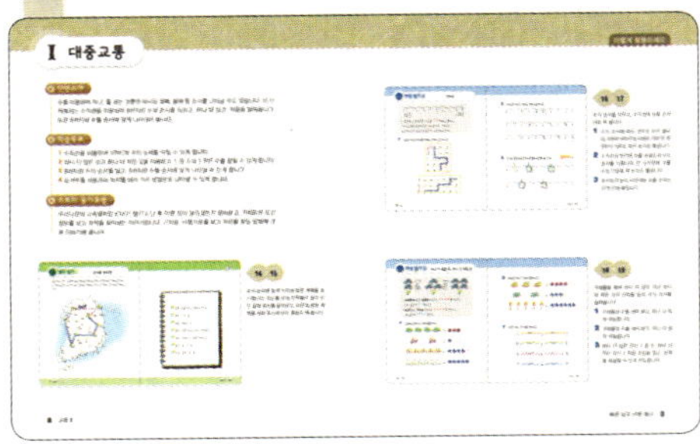

● 각 단원을 간단히 소개하고 학습 목표 및 방향을 바로 세울 수 있게 구성하였습니다. 빠르고 쉽게 정답을 확인할 수 있으며 학부모용 활용 방법을 제시하여 학습지도에 도움이 되도록 하였습니다.

이 책의 차례 CONTENTS

대중교통

우리나라를 대표하는 고속열차, KTX!

사람이 이동하거나 짐을 옮기는 데 사용하는 것을
교통수단이라고 합니다. 그중 여러 사람이 이용하는
대중교통에는 버스, 지하철, KTX 등이 있습니다.

KTX는 우리나라의 **고속열차**입니다.
KTX가 생기고 난 후 서울에서 부산까지 가는 시간이
2시간 28분으로 줄었고, 큰 도시와 지방에 사는 사람들이
자주 만날 수 있게 되었습니다.

3D
3C
4D
4C
3B
3A
4B
4A
5D
5C
5B
5A
6D
6C
6B
3C
7C
7B
승차권
서울 → 부산
4월 23일 10시
6호차 3C석
1185 - 54 - 297
3D석
1185 - 54 - 296

승차권에는 좌석의 위치가 표시되어 있습니다.

좌석의 위치가 6호차 3C석이면
앞에서부터 여섯째 차량에 타고,
차량의 셋째 줄 C자리에 앉아야 합니다.

재윤이는 엄마, 아빠와 함께 할머니, 할아버지와 친척분들의 집을 방문하기로 하였습니다. 엄마가 세우신 방문 계획을 보고 순서대로 지도에 표시해 봅시다.

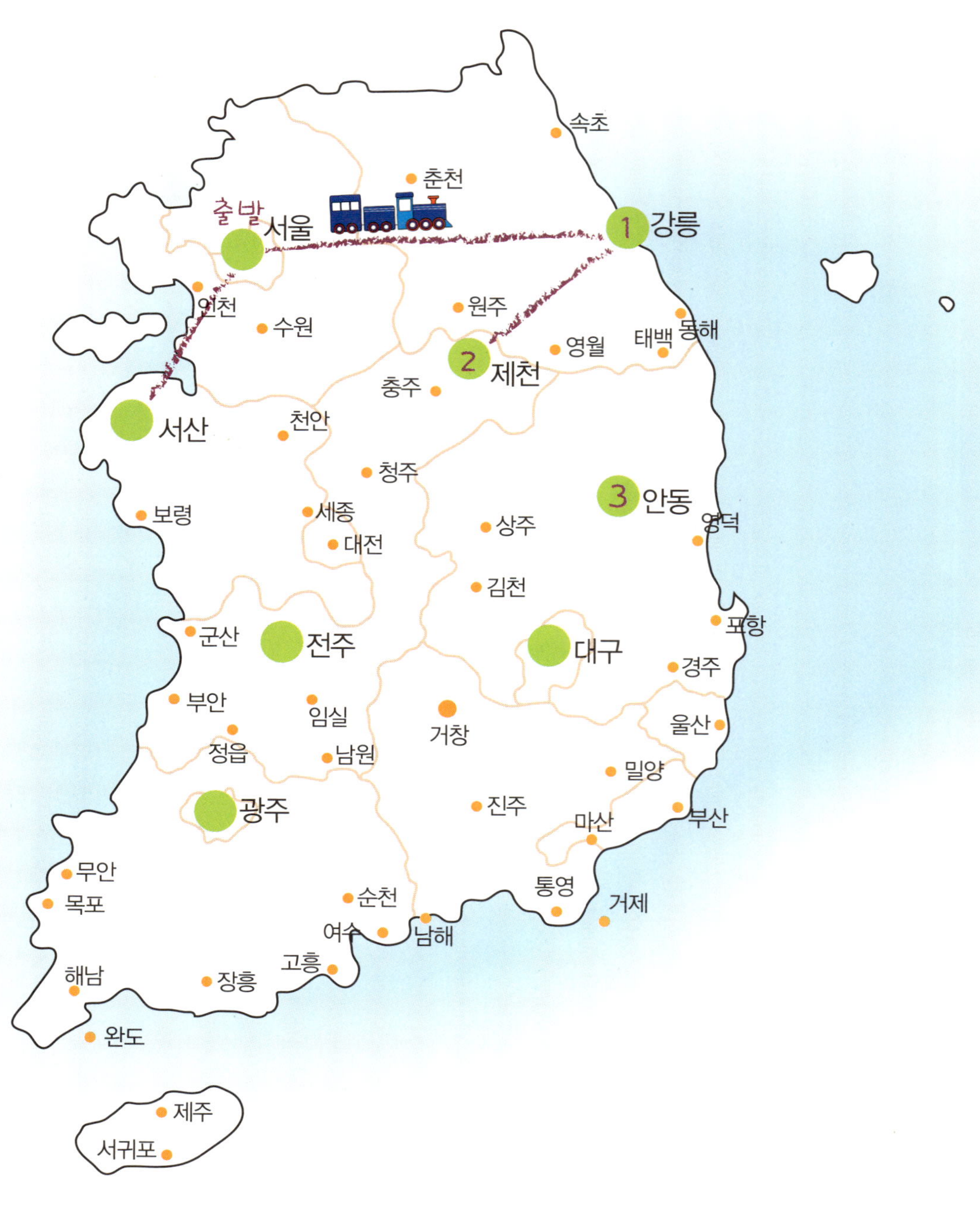

① 강릉 : 외할머니, 외할아버지 집

② 제천 : 이모 집

③ 안동 : 외삼촌 집

④ 대구 : 작은 어머니, 작은 아버지 집

⑤ 전주 : 친할머니, 친할아버지 집

⑥ 광주 : 큰 고모 집

⑦ 서산 : 작은 고모 집

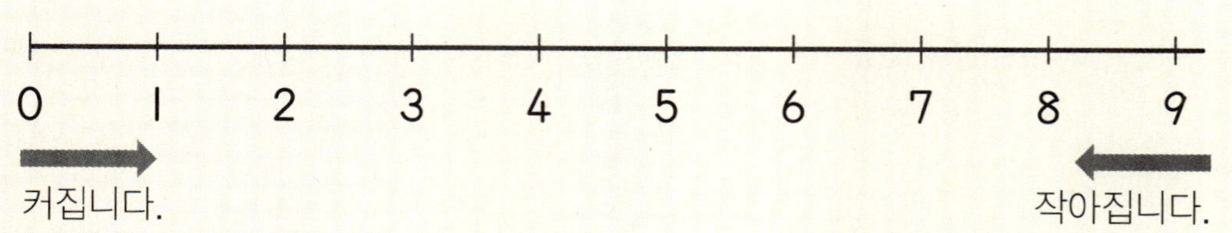

- 선 위에 수를 차례로 쓴 것을 수직선이라고 합니다.

- 수직선에서 오른쪽으로 갈수록 수가 커집니다.

- 수직선에서 왼쪽으로 갈수록 수가 작아집니다.

1 0부터 9까지의 수를 차례로 선으로 이어 보시오.

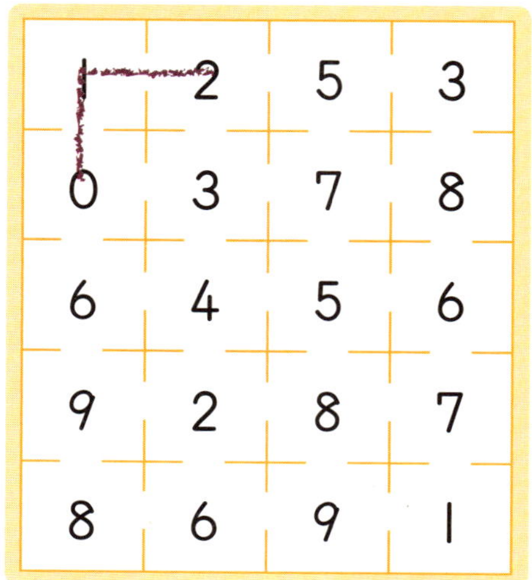

2 수직선의 빈칸에 알맞은 수를 써넣으시오.

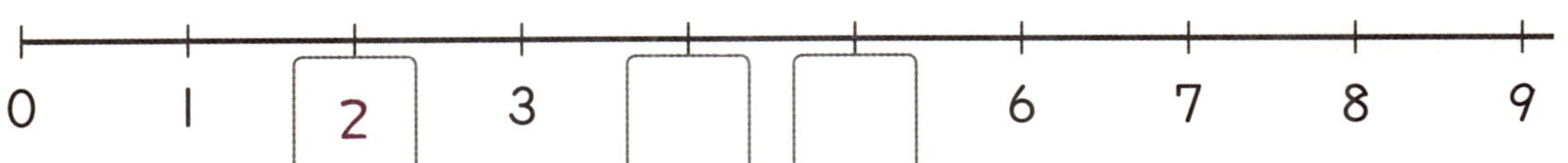

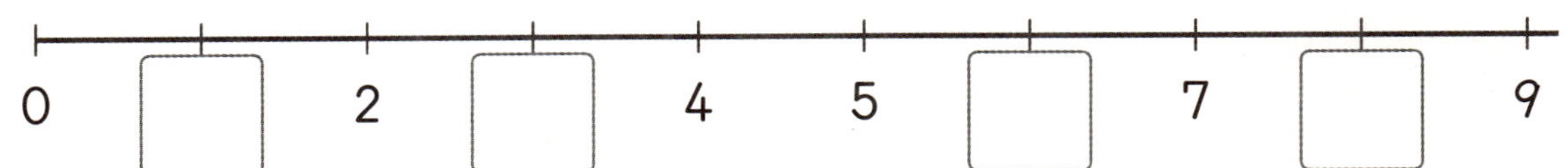

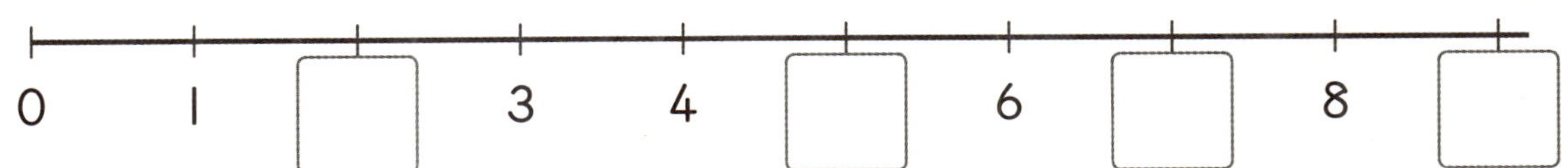

3 표시한 곳에 알맞은 주사위 붙임 딱지를 붙이시오.

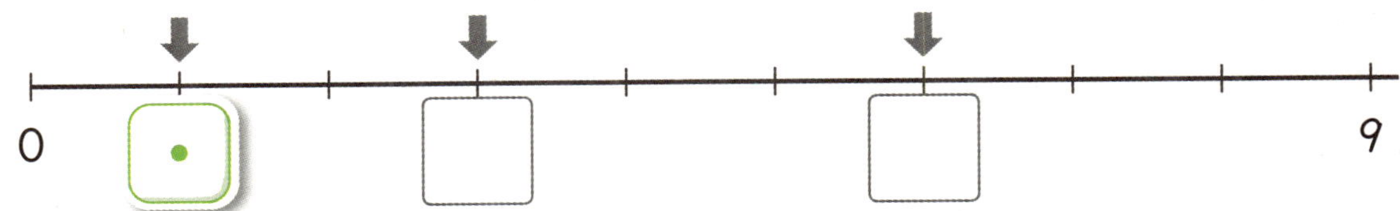

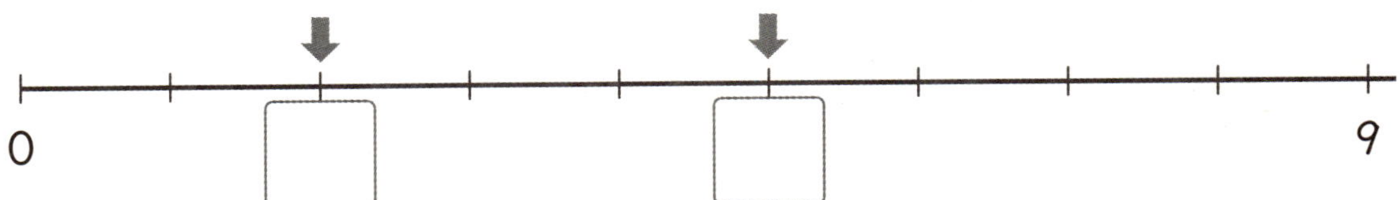

개념 알기 2 — 하나 더 많은 것, 하나 더 적은 것

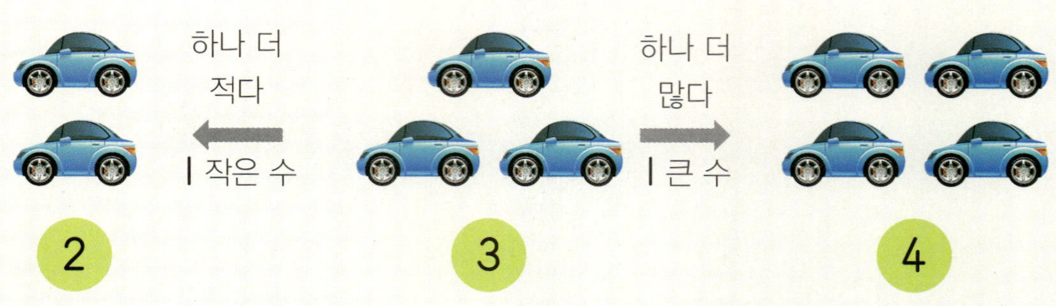

- ●●●●(4)는 ●●●(3)보다 하나 더 많다고 합니다.

- 4는 3보다 1 큰 수입니다.

- ●●(2)는 ●●●(3)보다 하나 더 적다고 합니다.

- 2는 3보다 1 작은 수입니다.

1 그림보다 하나 더 적게 색칠하시오.

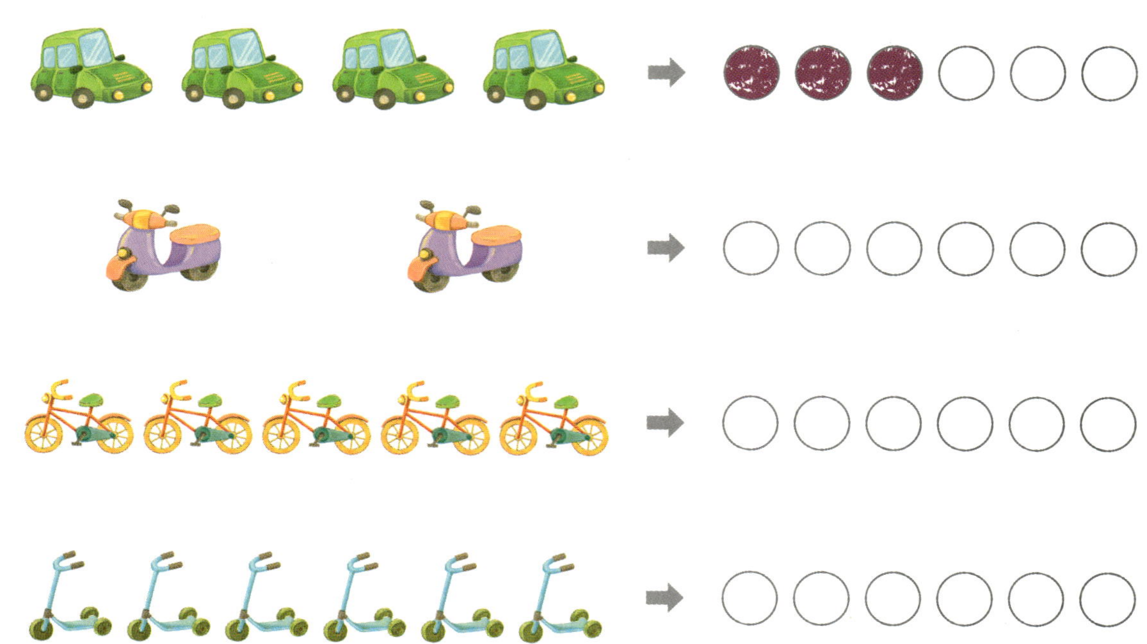

2 그림보다 하나 더 많게 색칠하시오.

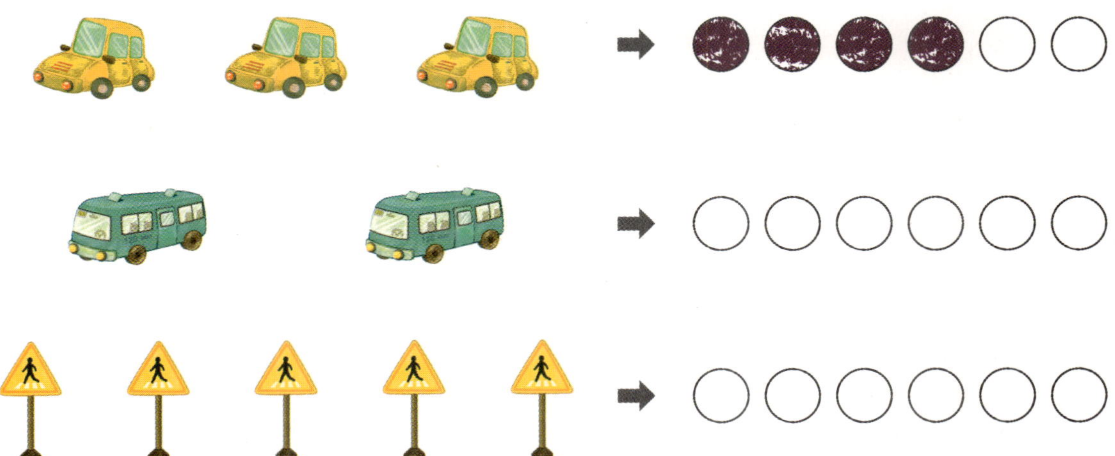

3 Ⅰ작은 수와 Ⅰ큰 수를 써보시오.

스토리텔링 창의수학

[기차]

1 기차가 순서에 맞게 수 깃발을 지나 역에 도착할 수 있도록 길을 그려 보시오. (단, 한 번 지나간 길은 다시 지나갈 수 없습니다.)

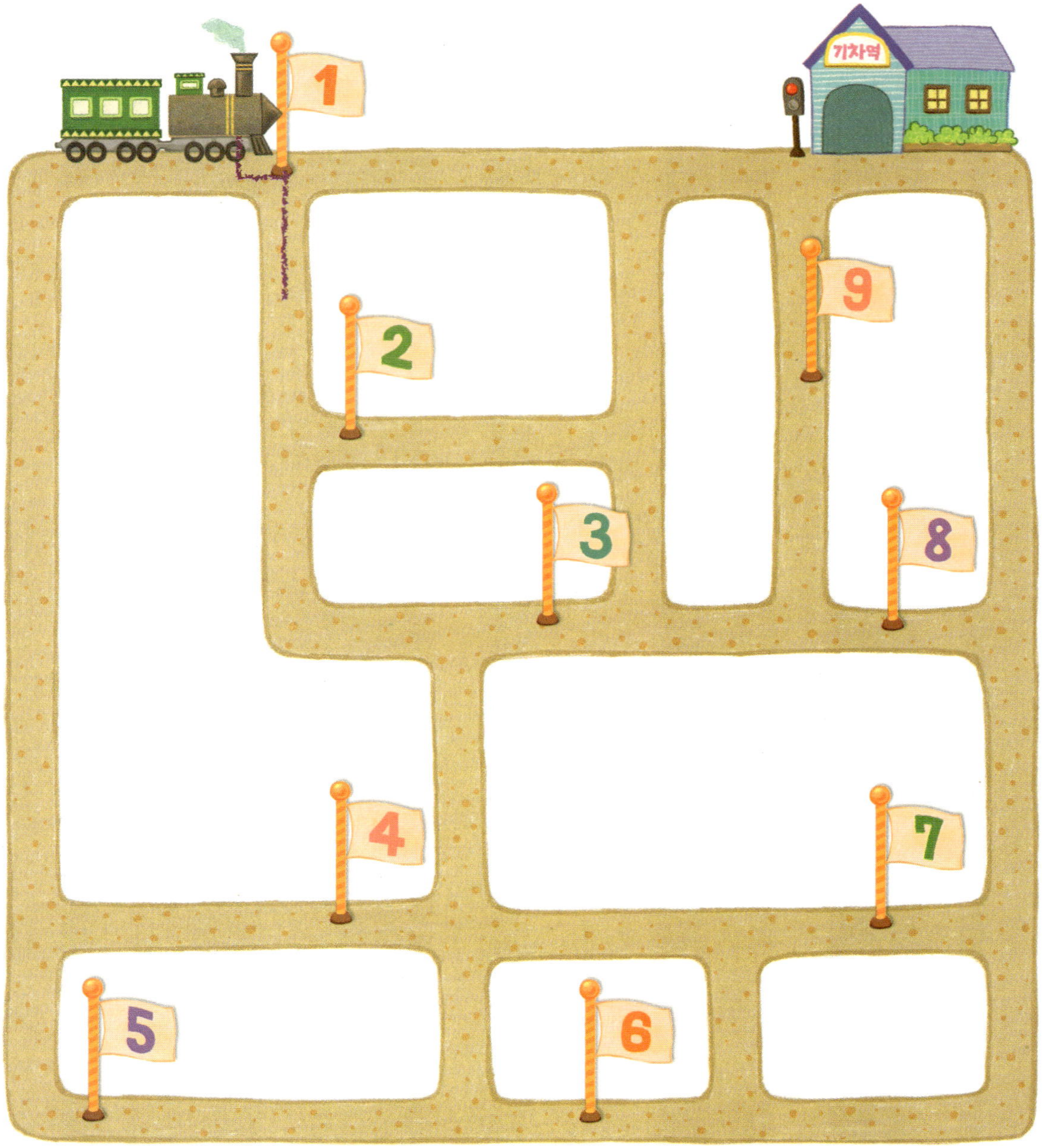

[자동차]

2 자동차가 도로 위를 달리고 있습니다. 자동차의 수를 세어 보고 1작은 수와
1큰 수를 써보시오.

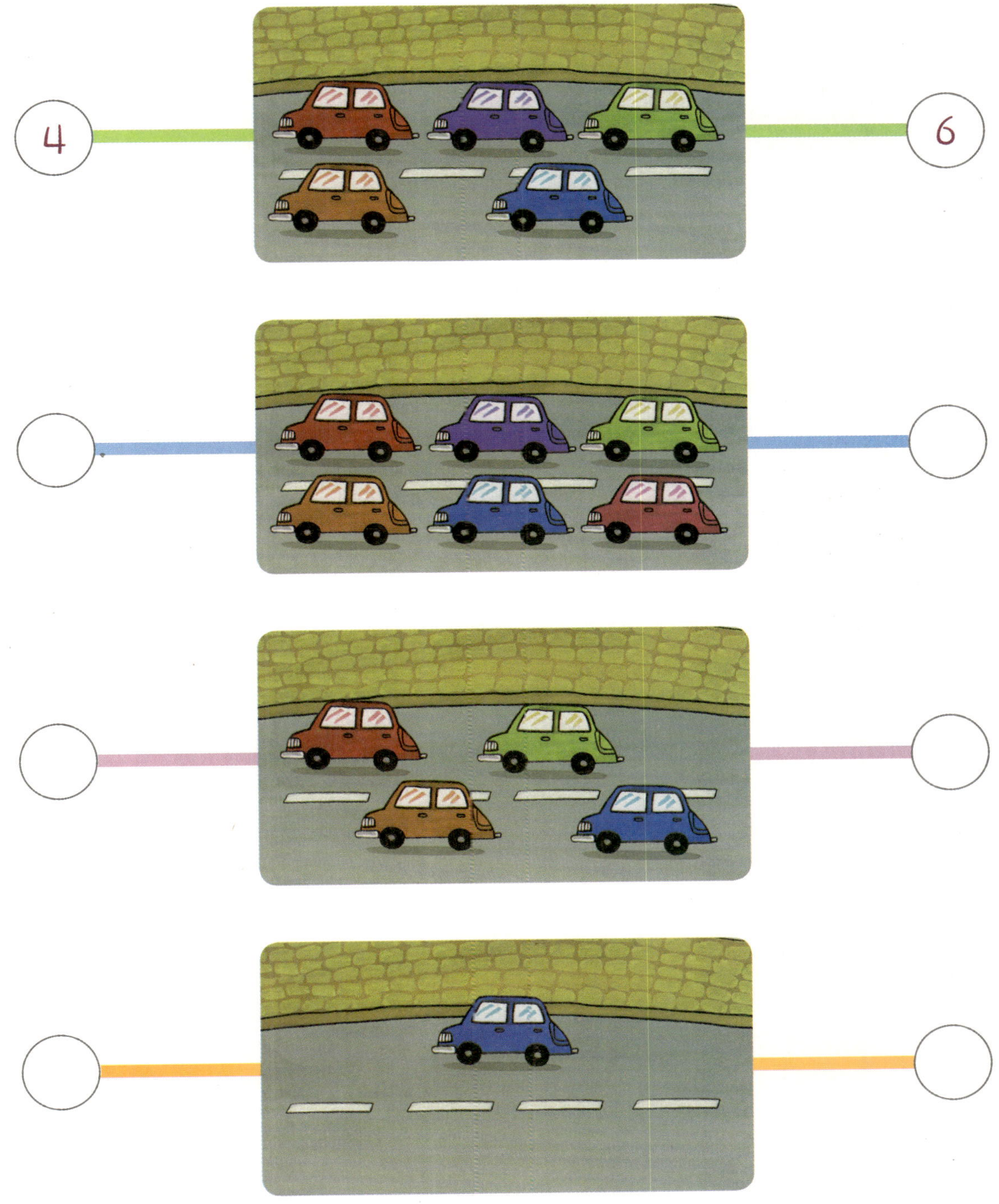

[여행]

3 정우는 여행에서 필요한 짐들을 가방에 담았습니다. 그림을 보고, 개수에 맞게 수직선과 연결하시오.

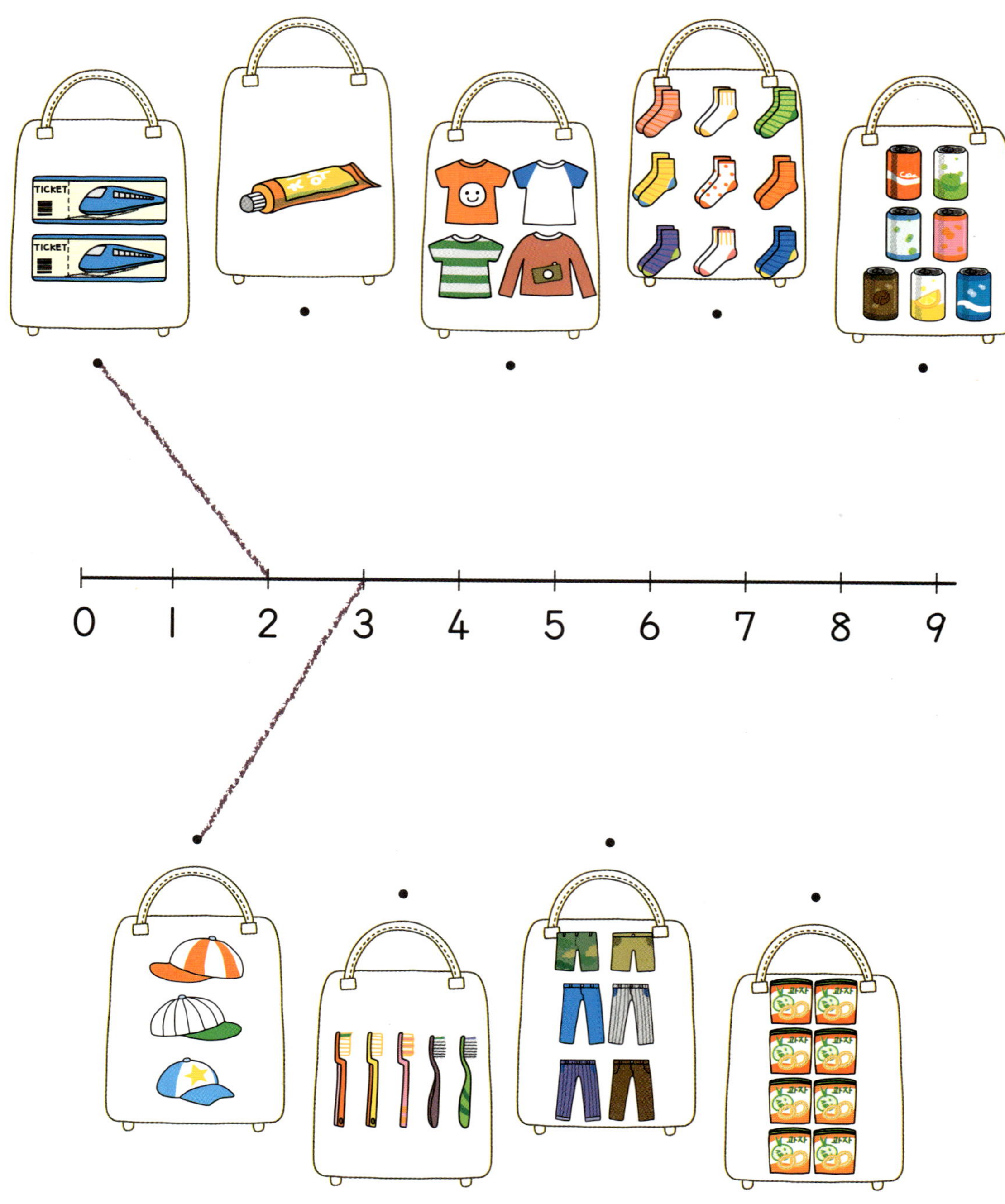

[터널]

4 기차의 각 칸에는 자리를 찾기 쉽게 하기 위해 순서대로 번호가 쓰여져 있습니다. 순서대로 각 칸에 수가 쓰여진 기차가 터널을 통과하고 있습니다. 터널에 가려져 보이지 않는 칸은 몇 칸인지 구하시오.

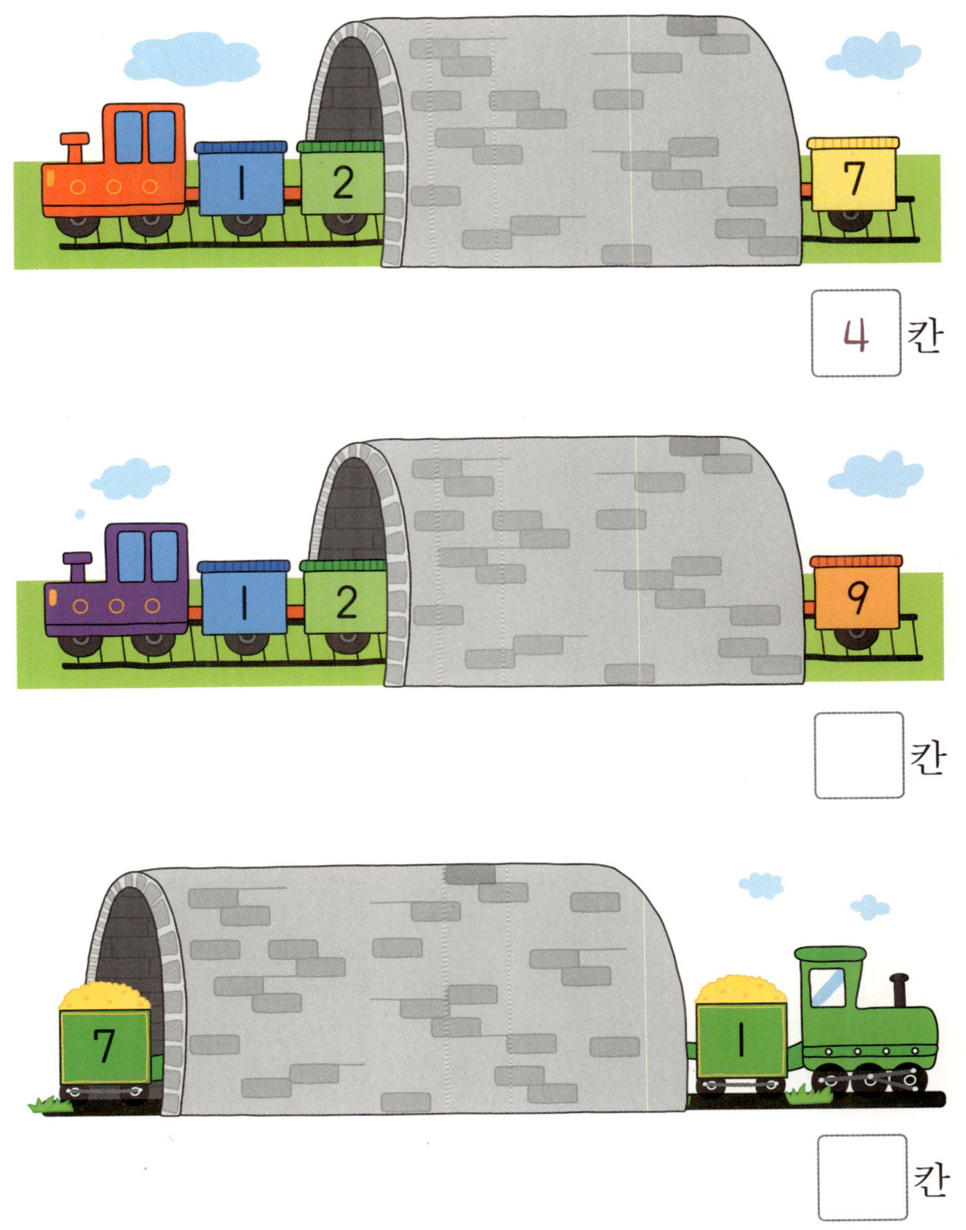

칙칙폭폭 기차로 숫자 만들기

기차 차량으로 숫자를 만들고, 몇 개를 사용하였는지 세어 봅시다.

게임 방법

❶ 기차 차량 카드를 놀이판에 올려 1부터 9까지의 숫자를 만듭니다.

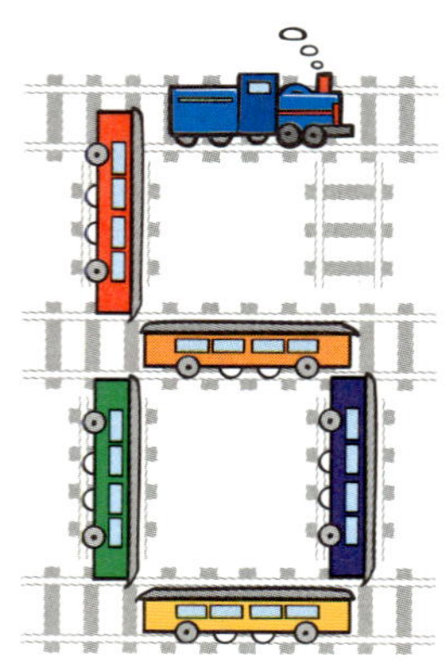

❷ 내가 만든 숫자의 모양을 그립니다.

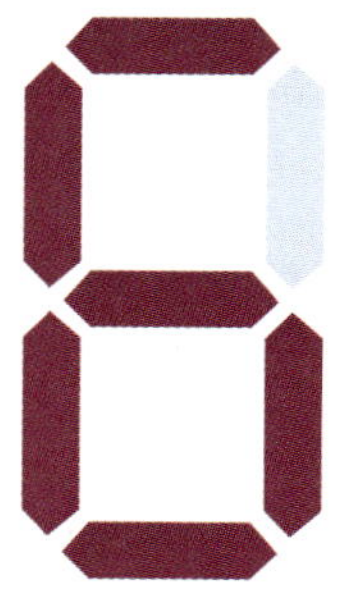

❸ 숫자를 만드는 데 사용한 기차 차량의 개수를 세어 봅니다.

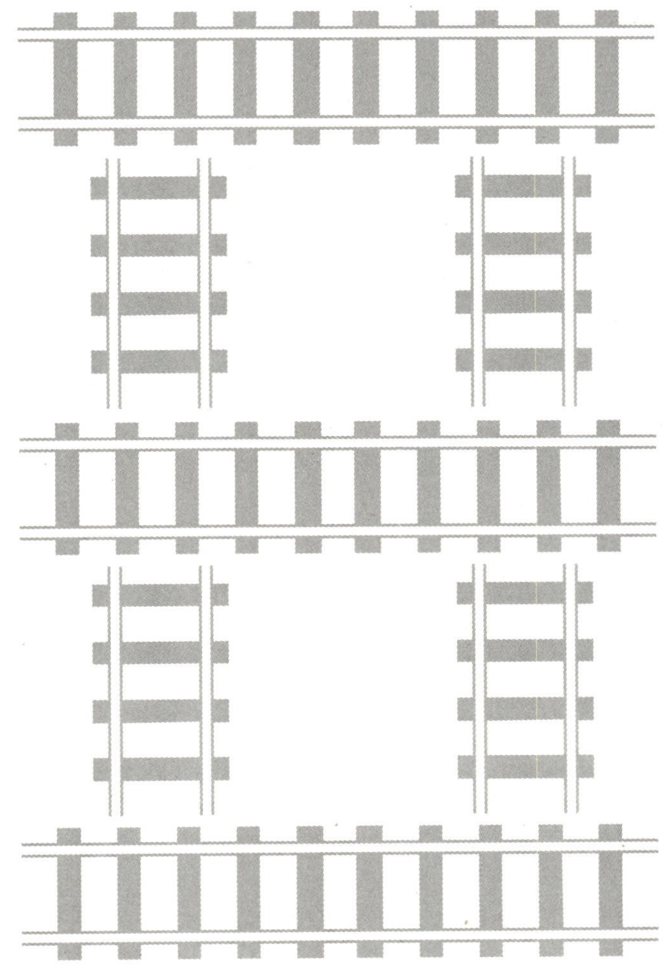

숫자	1	2	3	4	5	6	7	8	9
모양	1					6			
개수		5				6			

공공안내 그림표지

공공안내 그림표지란 사물, 시설, 행동 등을 누구나 쉽게 알아볼 수 있도록 그림으로 나타낸 그림 문자를 말합니다. 어떤 약속이 담긴 표지판인지 이야기해 봅시다.

표지판의 설명을 보고, 어떤 표지판인지 왼쪽 그림에서 찾아 ○표 하시오.

이 표지판은
고속열차를 나타내는
그림표지입니다.
위에서 셋째 줄,
왼쪽에서 첫 번째에 있습니다.

이 표지판은
차가 미끄러질 수 있으니
조심하라는 그림표지입니다.
위에서 둘째 줄,
왼쪽에서 다섯 번째에 있습니다.

- |은 첫째, 2는 둘째, 3은 셋째, ……, 7은 일곱째, 8은 여덟째, 9는 아홉째입니다.

1 줄을 선 순서에 맞게 선으로 이어 보고, 빈 곳에 알맞은 수를 써넣으시오.

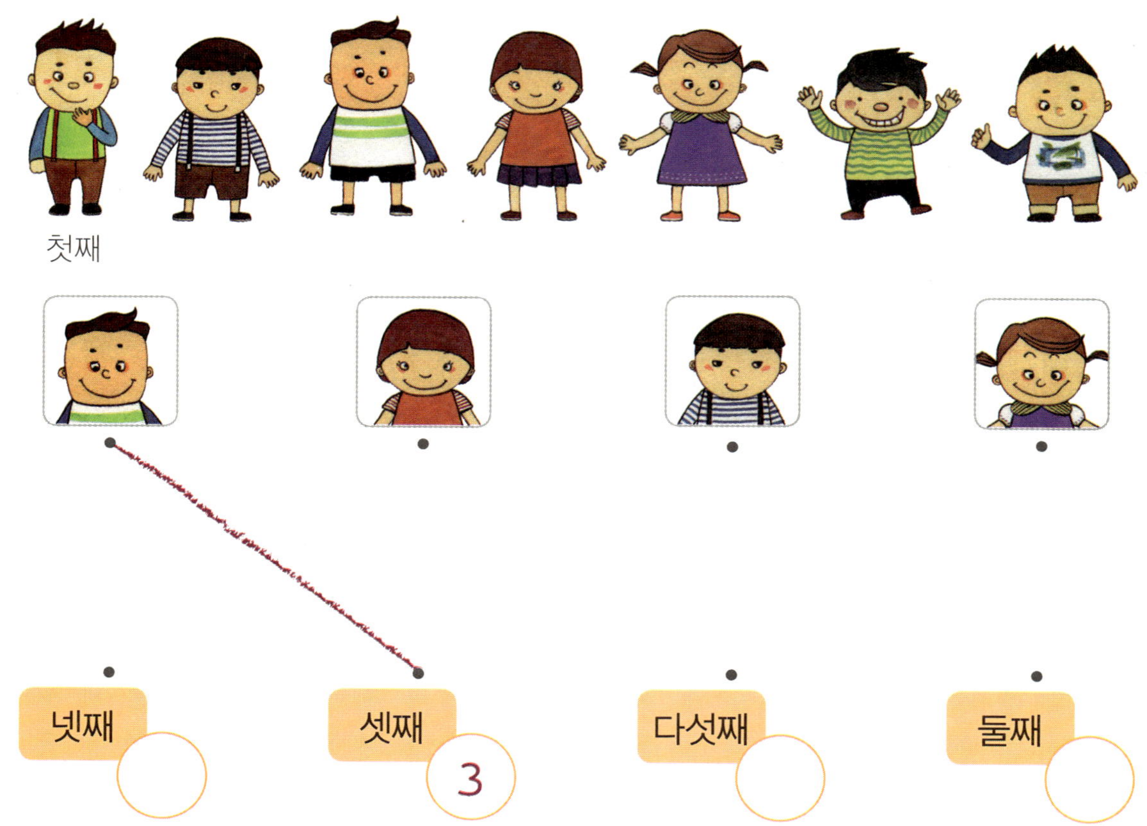

2 순서에 알맞게 색칠하시오.

셋째 ▶ 빨간색   여섯째 ▶ 파란색   여덟째 ▶ 초록색

둘째 ▶ 노란색   다섯째 ▶ 빨간색   일곱째 ▶ 파란색

3 빈칸에 알맞은 말을 써넣으시오.

일곱째

나는 왼쪽에서 넷째,
오른쪽에서 셋째야.

• 위치를 나타내는 방법은 여러 가지가 있습니다.
출발
출발
왼쪽에서 출발하면 넷째
오른쪽에서 출발하면 셋째

1 알맞은 것에 ◯표 하시오.

왼쪽에서
일곱째

BUS STOP
오른쪽에서
둘째

왼쪽에서
넷째

오른쪽에서
여섯째

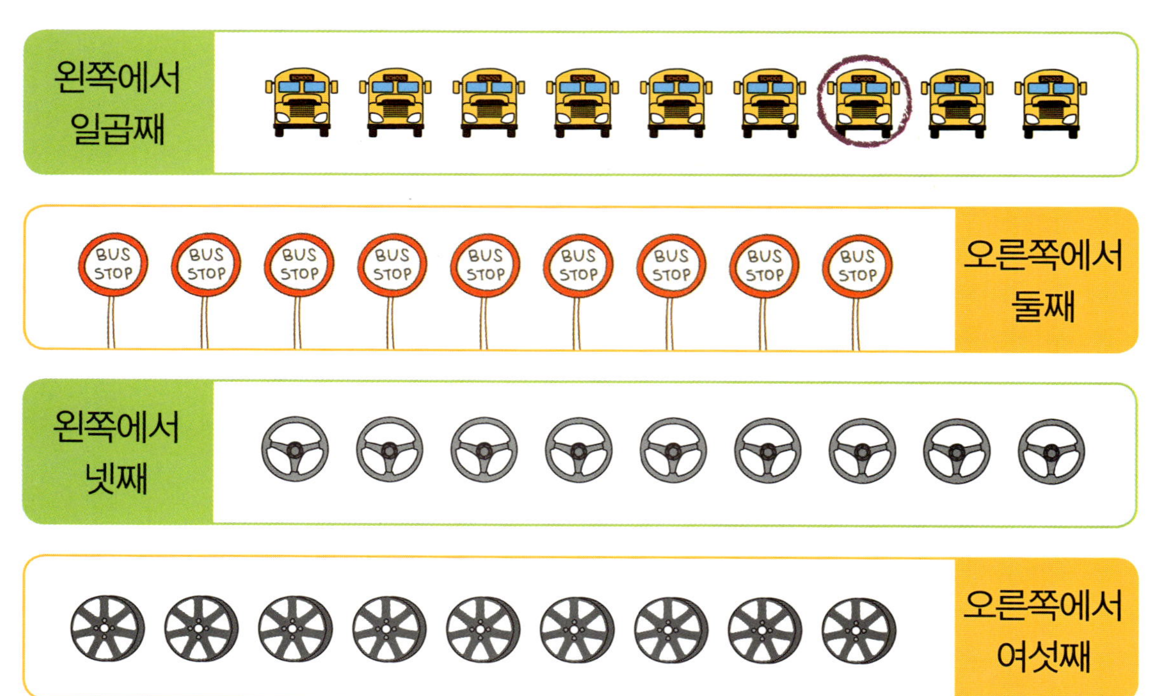

2 사람들의 위치를 보고, 빈칸에 알맞은 말을 써넣으시오.

 왼쪽에서 넷째에 있습니다.

 오른쪽에서 ☐째에 있습니다.

 왼쪽에서 ☐째에 있습니다.

 오른쪽에서 ☐째에 있습니다.

3 빈칸에 알맞은 말을 써넣으시오.

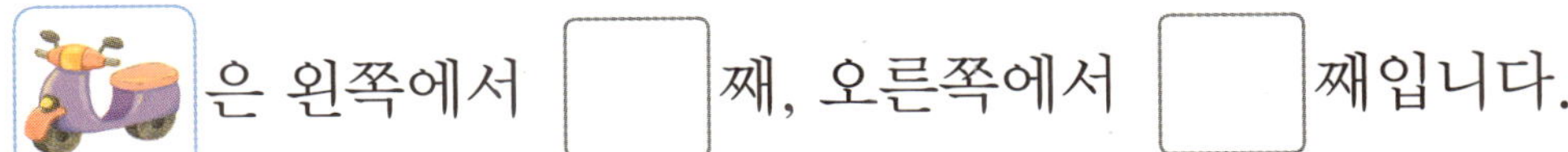
은 왼쪽에서 ☐째, 오른쪽에서 ☐째입니다.

은 왼쪽에서 ☐째, 오른쪽에서 ☐째입니다.

[버스]

1 버스를 타려면 차례대로 줄을 서야 합니다. 사람들의 위치를 보고, 순서수 붙임 딱지를 붙여 보시오.

붙임 딱지 순서수

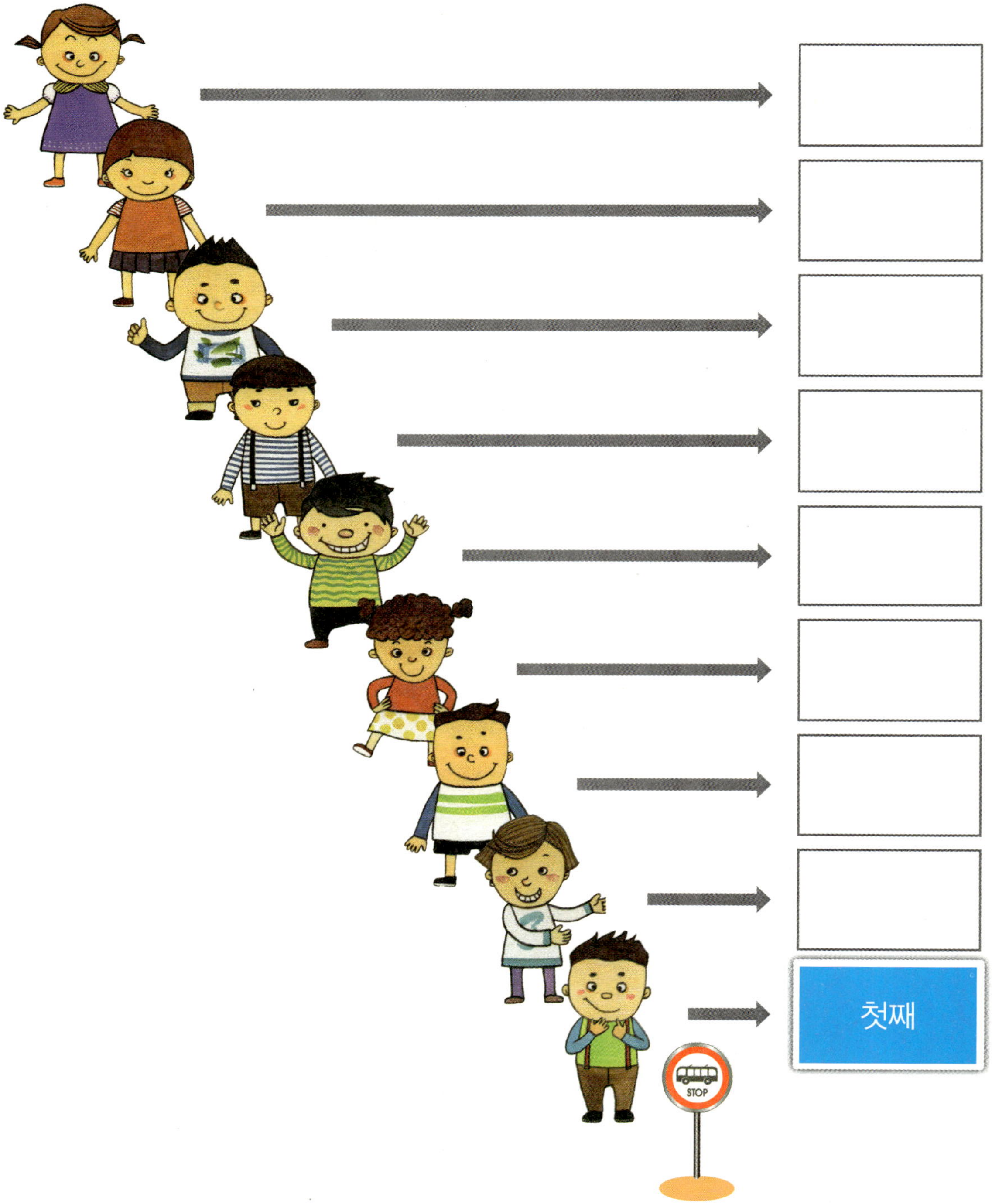

첫째

2 ◦보기 와 같이 '셋'은 그림 3개 모두를 나타내고, '셋째'는 세 번째에 있는 그림 1개만을 나타냅니다. 알맞게 색칠하시오.

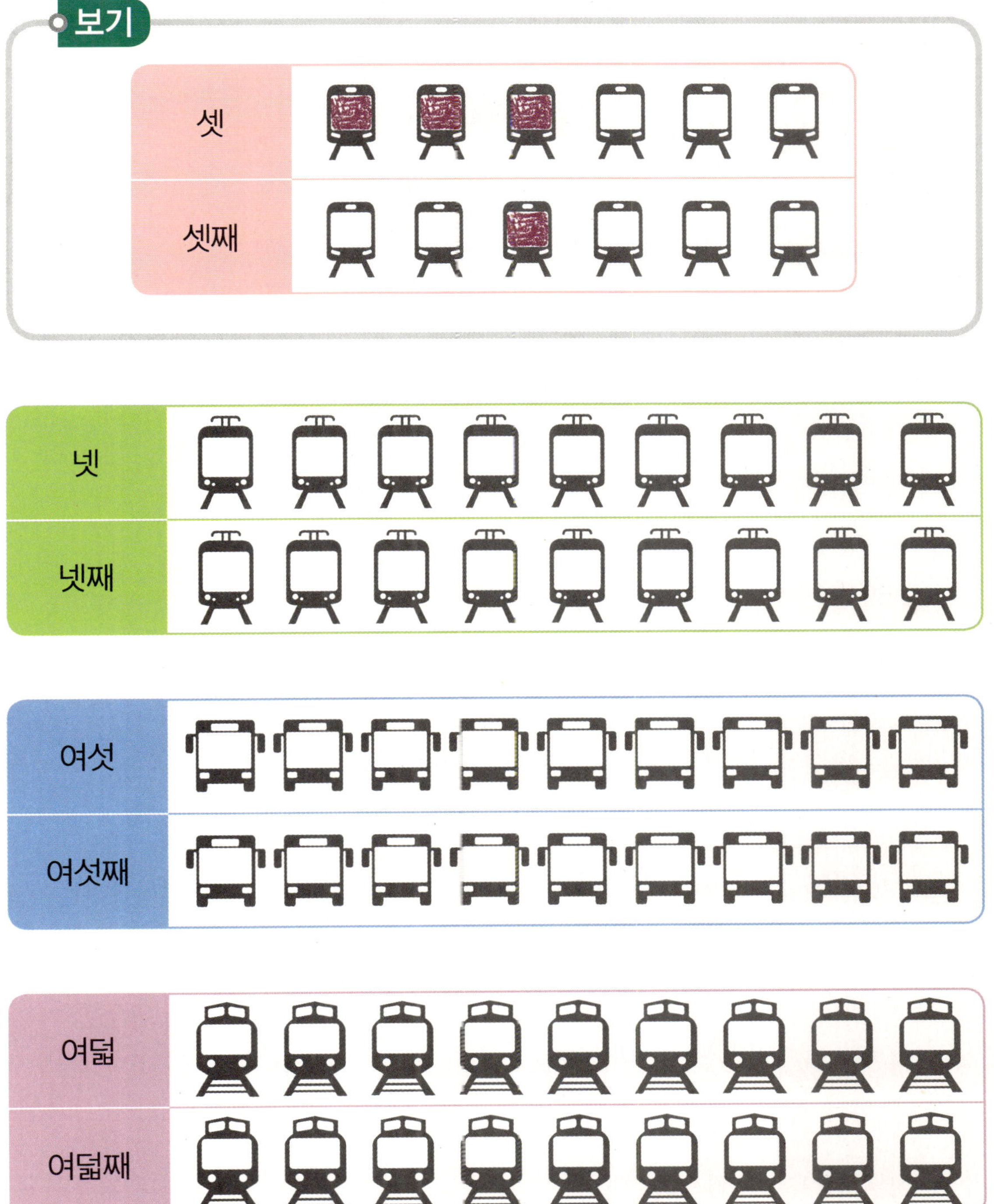

[기념촬영]

3 효미네 가족이 다같이 모여 기념 촬영을 합니다. 가족들의 위치를 보고, 빈 칸에 알맞은 말을 써넣으시오.

할머니는

왼쪽에서 [둘]째,

오른쪽에서 [　]째에 있습니다.

효미는

[　]쪽에서 넷째,

[　]쪽에서 셋째에 있습니다.

[자동차 카드]

4 와 같이 자동차 카드를 조건에 맞게 나열할 때 필요한 카드의 수를 써 보시오.

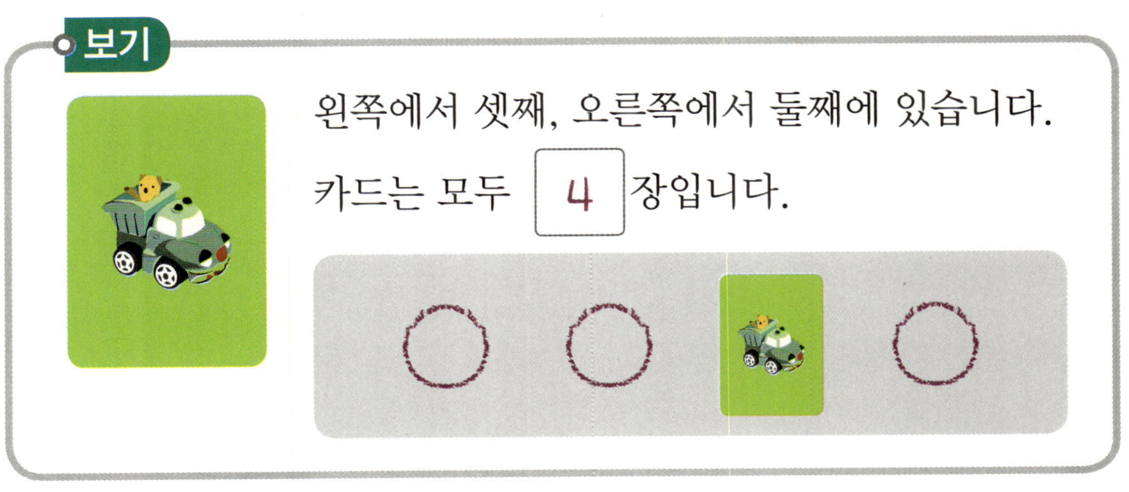

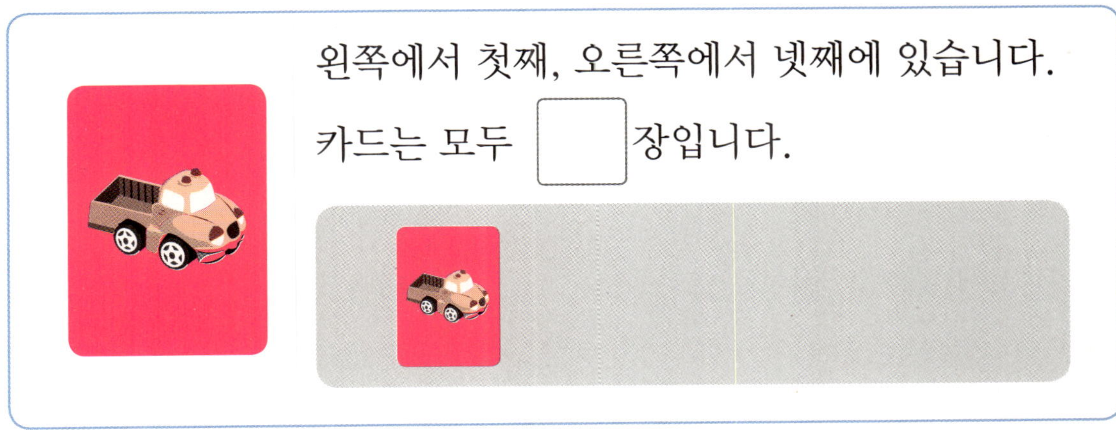

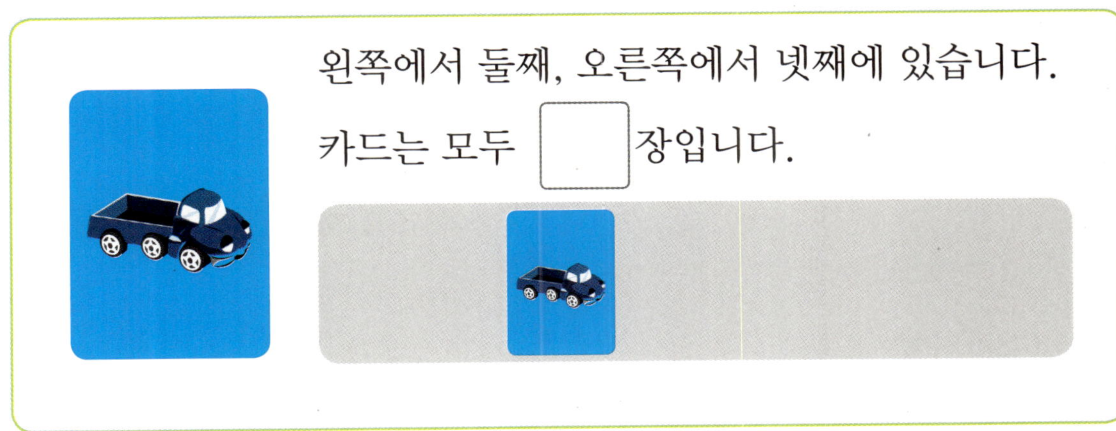

지식 백과 우리나라 철도

서울에서 부산까지 열차를 타고 가면 시간이 얼마나 걸릴까요? 옛날이나 지금이나 서울과 부산 사이의 거리는 변함이 없지만, 교통수단이 발달함에 따라 시간이 많이 줄어들게 되었습니다. 이동하는 시간이 줄어 먼 지역도 이제는 가깝게 느껴지고 전국이 일일생활권이 되었습니다.

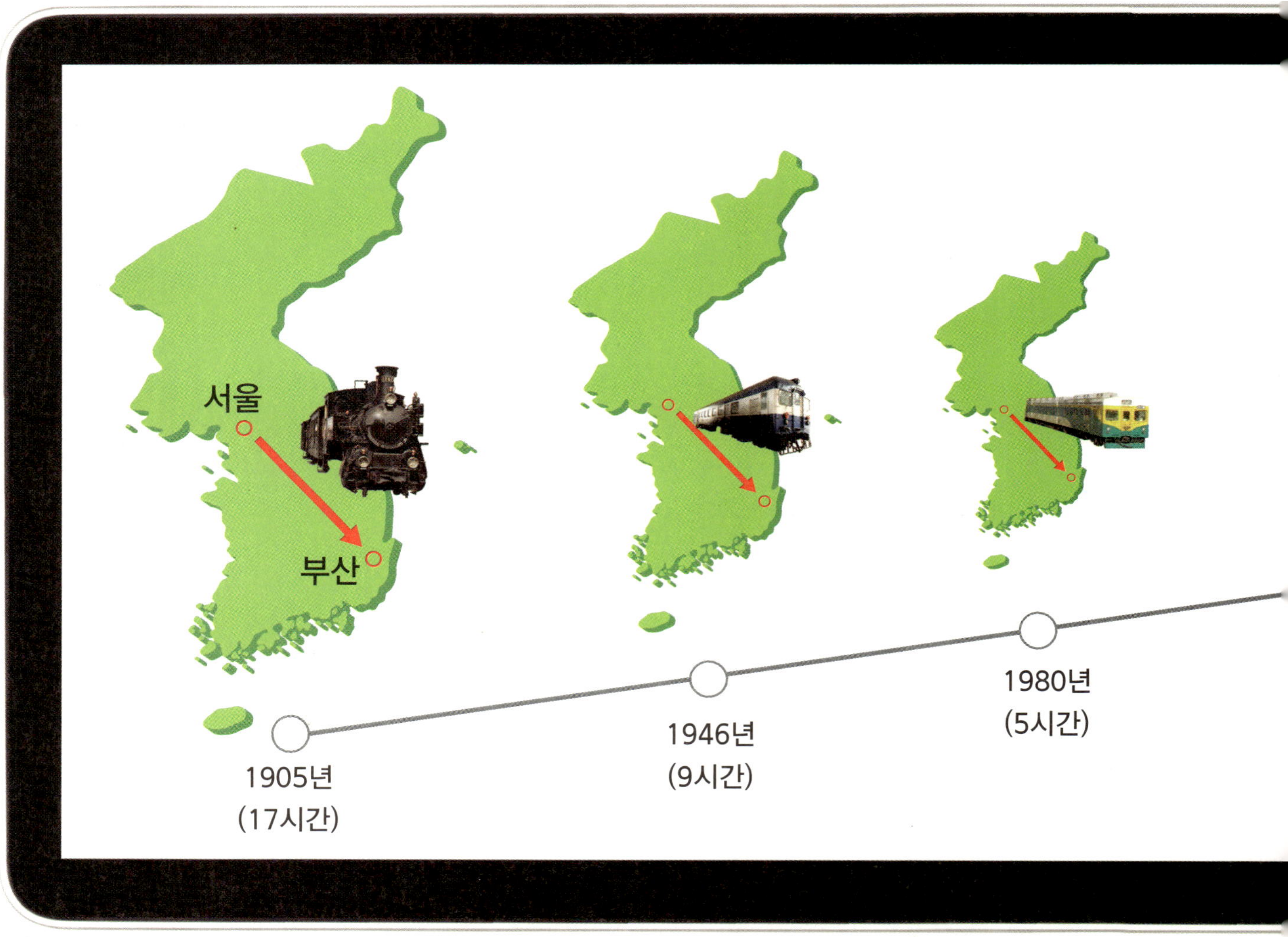

Q 다른 나라에도 고속 열차가 있나요?

A 세계적으로 고속 열차 기술을 선도하는 나라는 프랑스, 독일, 일본 등입니다.

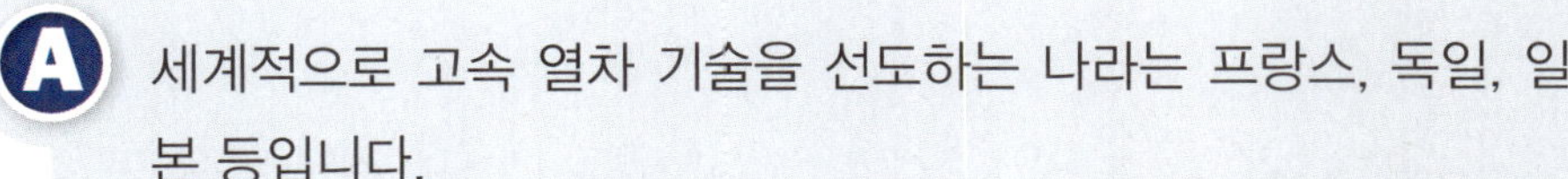

❶ 일본의 고속 열차 (신칸센)
　신칸센은 세계 최초의 고속 열차입니다. 1964년에 개통되었으며 최고 속도는 시속 240~275킬로미터입니다. 신칸센은 다른 고속 열차에 비해 사고가 적게 나는 등 안전성이 높다는 평가를 받고 있습니다.

❷ 프랑스 고속 열차 (테제베)
　테제베는 1981년 일본의 신칸센에 이어 세계에서 두 번째로 개통되었으며, 최고 속도는 시속 250~300킬로미터입니다.

❸ 독일의 고속 열차 (이체)
　이체는 독일 내의 주요 도시를 연결하는 고속 열차입니다. 1991년에 개통되었으며 최고 속도는 시속 250~280킬로미터입니다.

❹ 한국의 고속 열차 (KTX)
　KTX는 세계 네 번째의 고속 열차입니다. 2004년에 개통되었으며 최고 속도는 시속 305킬로미터입니다.

하늘의 교통 경찰

하늘 위에도 교통 경찰이 있어

공항은 매일 아침부터 저녁까지
비행기가 뜨고 내리고,
많은 사람들이 오가는 곳이라 매우 복잡합니다.

승객들이 여행을 기대하며 비행기를 기다리는 동안
조종사, 승무원, 관제사, 항공기 유도사, 항공기 정비사 등
공항에서 일을 하는 사람들은 안전한 비행을 위해서
최선을 다합니다.

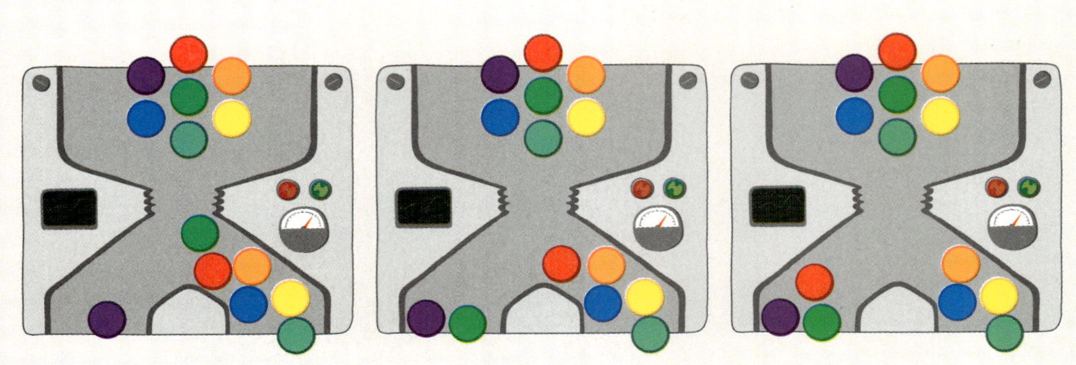

- 7은 1과 6, 2와 5, 3과 4로 가를 수 있습니다.
- 8은 1과 7, 2와 6, 3과 5, 4와 4로 가를 수 있습니다.

1 두 가지 색으로 개수를 다르게 색칠하고, 알맞은 수를 써넣으시오.

2 빈 곳에 알맞은 그림의 수만큼 ◯를 그리고, ◯ 안에 알맞은 수를 써넣으시오.

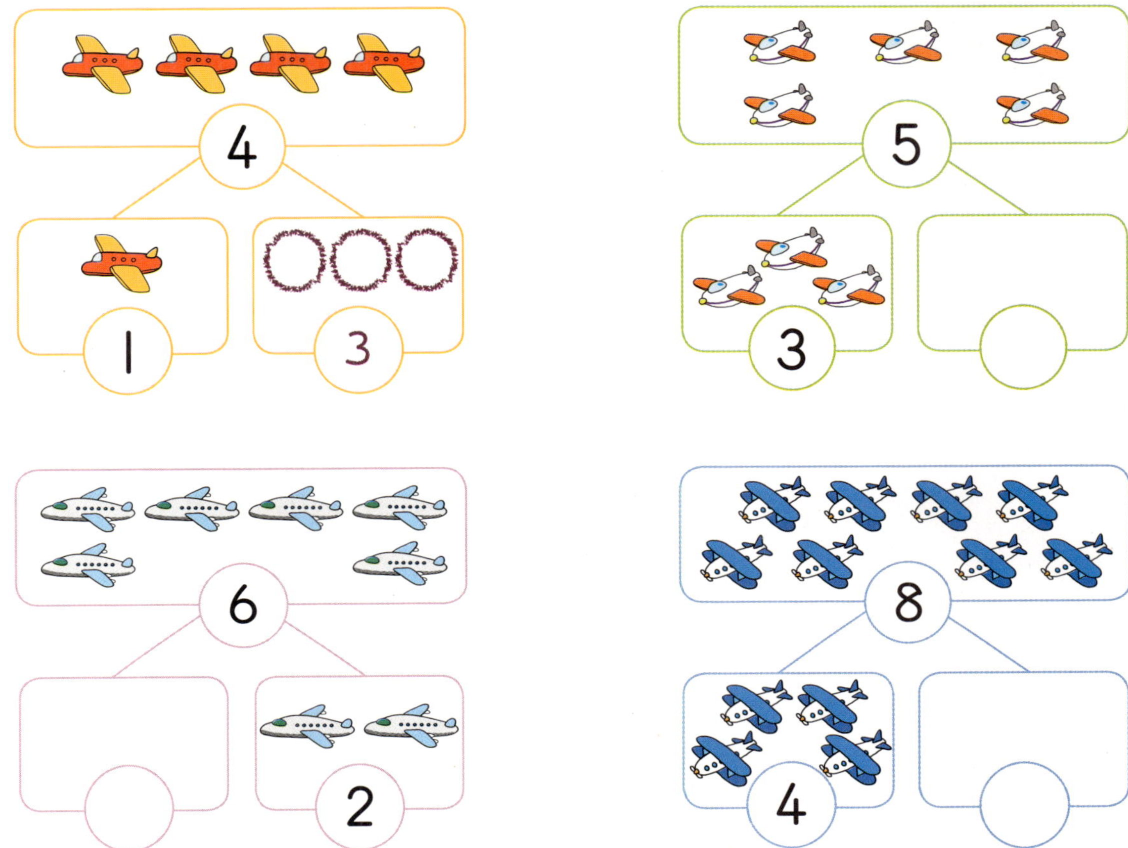

3 가르기 하여 빈 곳에 알맞은 수를 써넣으시오.

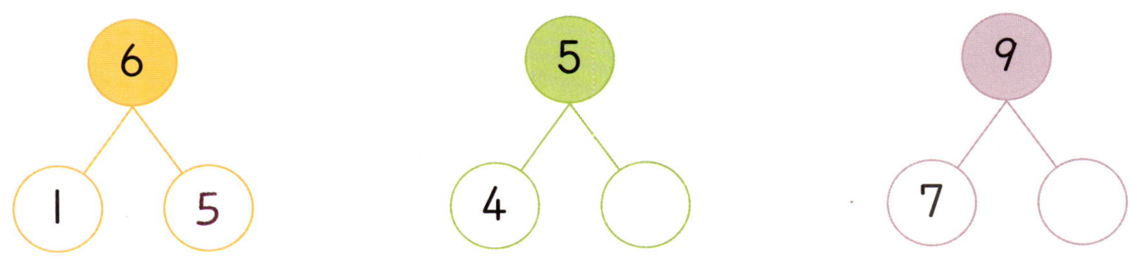

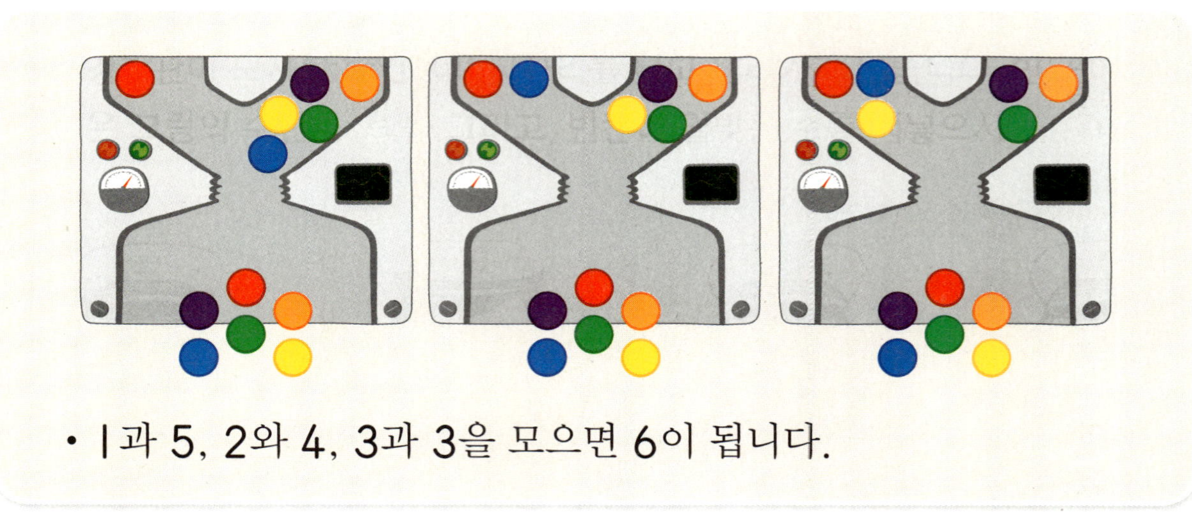

- 1과 5, 2와 4, 3과 3을 모으면 6이 됩니다.

1 빈 곳에 알맞은 그림의 수만큼 ◯를 그리고, ◯ 안에 알맞은 수를 써넣으시오.

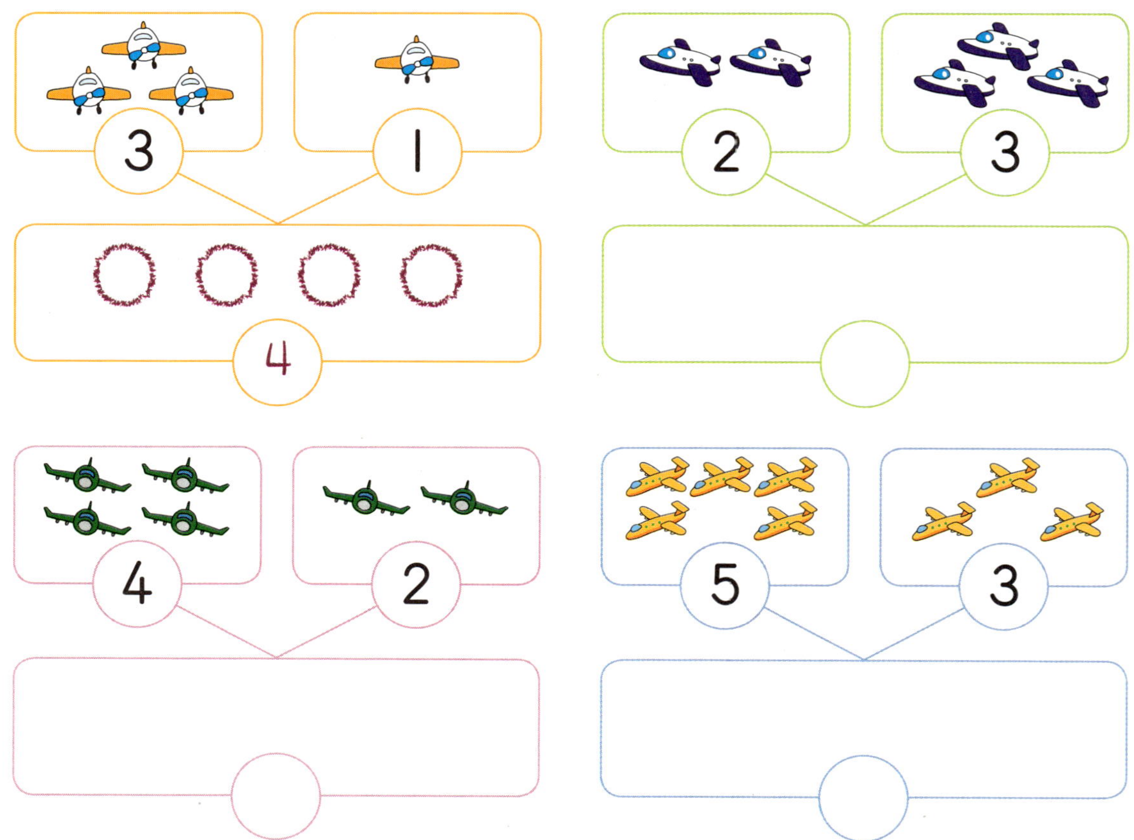

2 주사위의 눈을 모아 빈칸에 알맞은 수를 써넣으시오.

3 빈 곳에 알맞게 주사위의 눈을 그려 넣으시오.

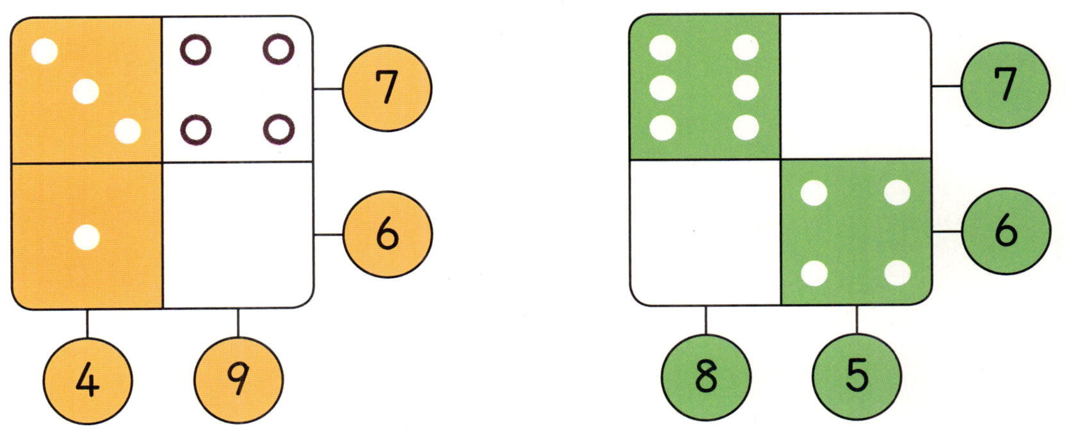

스토리텔링 창의수학

[로켓]

1 장난감 로켓을 정리하려고 합니다. 로켓을 두 개의 정리 상자에 나누어 붙이고, ◯안에 알맞은 수를 써넣으시오.

붙임 딱지 로켓

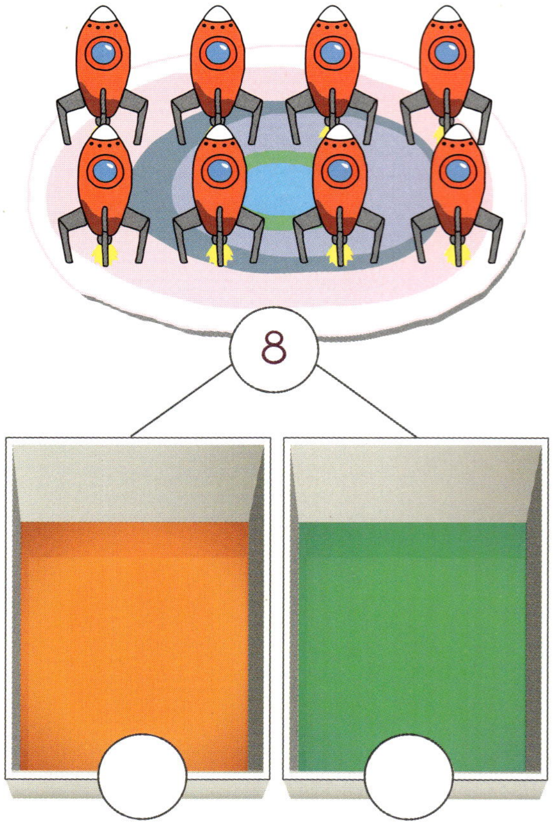

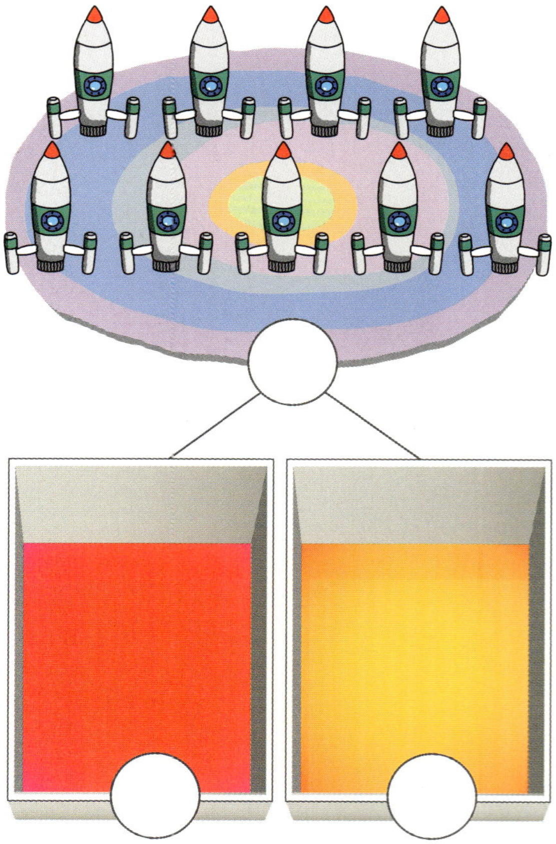

2 여권은 나라에서 국민에게 외국을 여행할 수 있도록 허락해 주는 서류입니다. 따라서 외국에 가려면 꼭 여권을 가지고 가야 합니다. 빈 곳에 알맞은 여권의 수만큼 ◯를 그리고, ◯ 안에 알맞은 수를 써넣으시오.

[여행 가방]

3 여행 가방을 두 가지 색으로 개수를 다르게 색칠하고, 빈 곳에 알맞은 수를 써넣으시오.

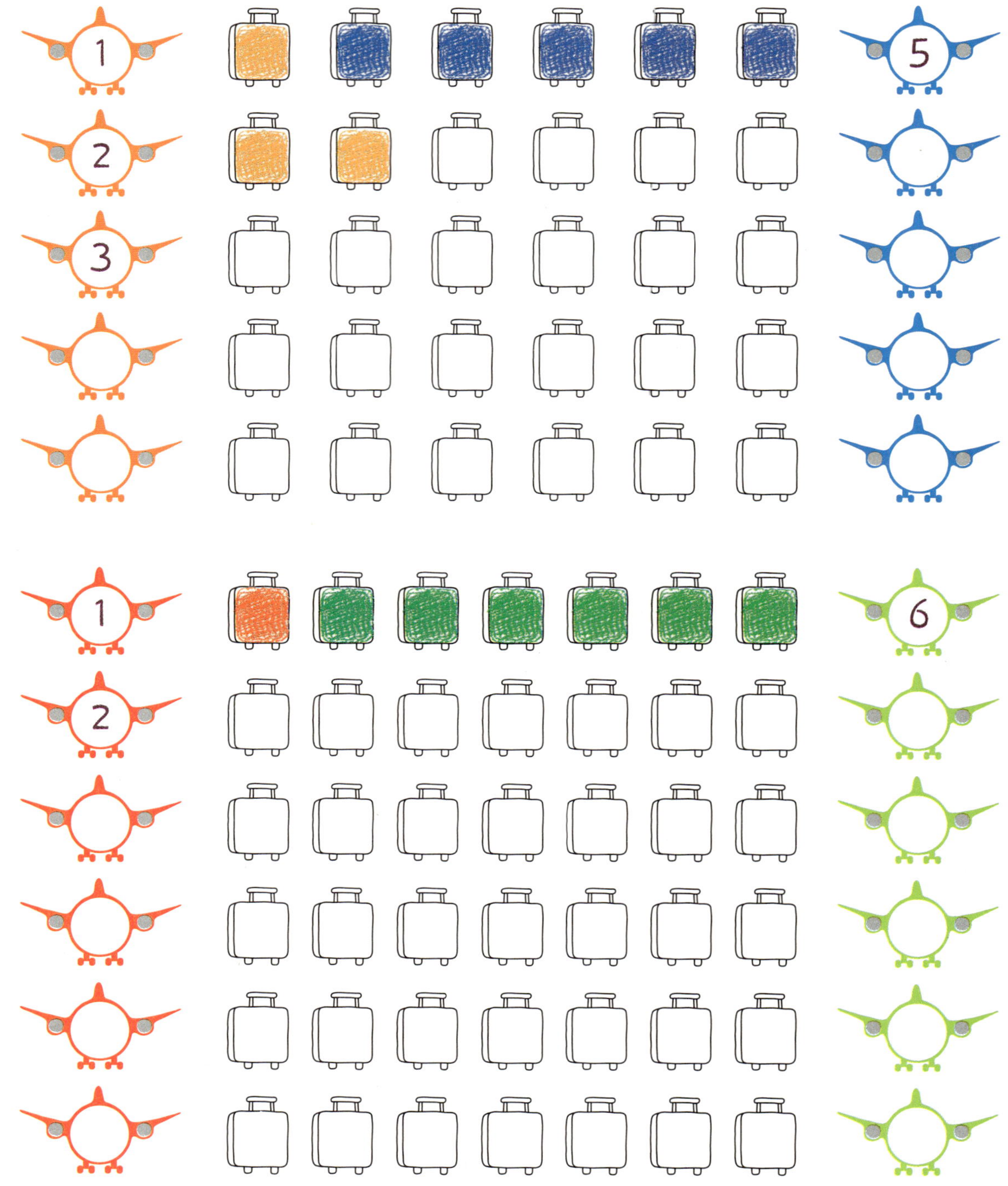

[비행기]

4 비행장에 비행기가 세워져 있습니다. 빈 곳에 알맞은 수를 쓰고, 모아서 8
이 되는 두 비행장을 선으로 이어 보시오.

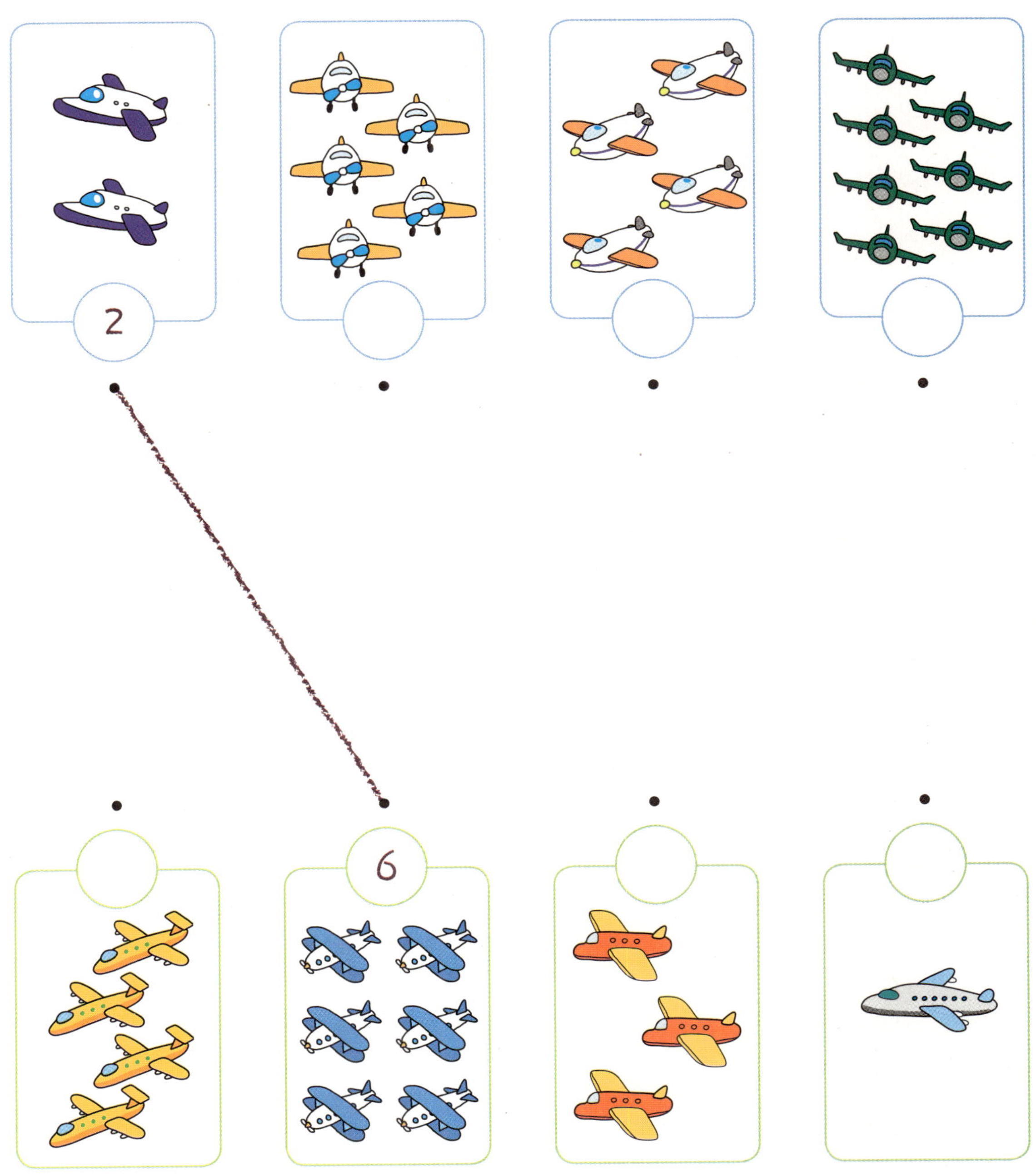

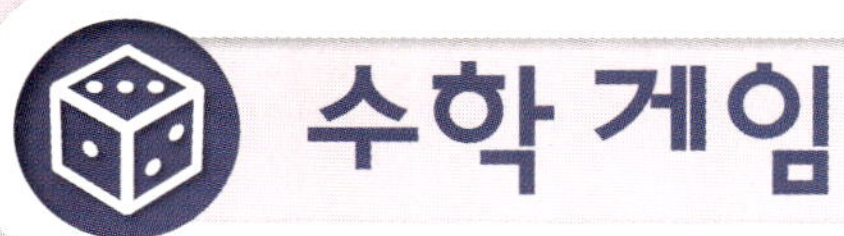

주사위 카드 마술

투명지 위에 그려진 주사위의 눈을 모아 주사위 마술을 해 봅시다.

게임 방법

❶ 투명 주사위 카드 **2**와 **3**의 눈을 모으면 주사위 눈이 모두 몇 개가 되는지 예상해 봅니다.

❷ 투명 주사위 카드를 겹쳐서 눈을 모으면 주사위 눈이 모두 몇 개가 되는지 찾고, 기록합니다.

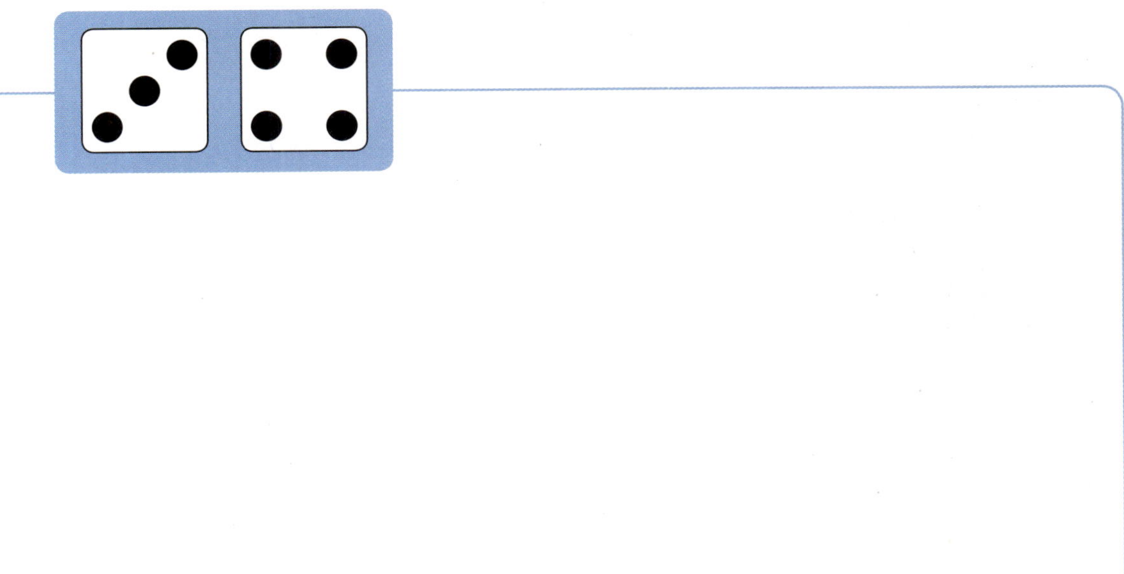

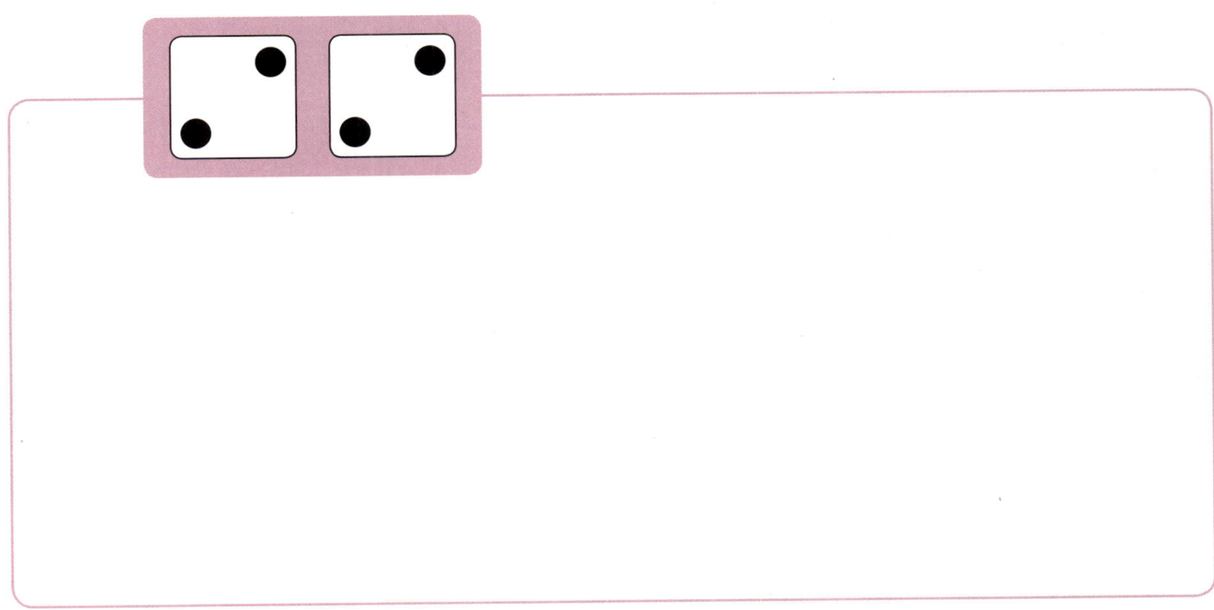

도착한 비행기

오늘은 미국 뉴욕에 살고 있는 준수의 사촌 형이 한국에 오는 날입니다. 준수는 공항에 있는 전광판을 보며 형을 기다리고 있습니다. 전광판을 보고 빈 곳을 채워 봅시다.

국제선 도착 | International Arrivals

09:43

편명	예정시각	출발지	출구	현황
KE 431	8시	일본 오사카	B	도착 ●
VN 5216	8시 20분	베트남 하노이	A	도착 ●
JL 728	8시 40분	일본 도쿄	C	도착 ●
CI 1642	9시	대만 타이베이	A	도착 ●
OZ 6812	9시 20분	중국 베이징	C	
AC 532	9시 40분	캐나다 오타와	B	도착 ●
PR 1852	10시	필리핀 마닐라	A	도착 ●
KE 481	10시 30분	미국 뉴욕	B	
UA 260	11시	미국 시애틀	B	

8시부터 ㅣㅣ시까지

공항에 도착하는 비행기는

9 대입니다.

현재 공항에

도착한 비행기는

대입니다.

아직 공항에

도착하지 않은 비행기는

대입니다.

뉴욕에서 출발한

준수의 사촌 형은

(도착했습니다 ,

도착하지 않았습니다).

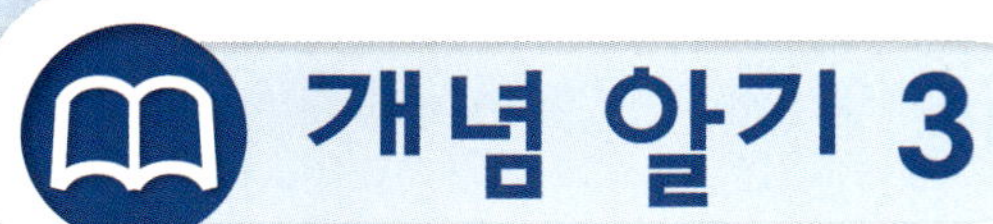

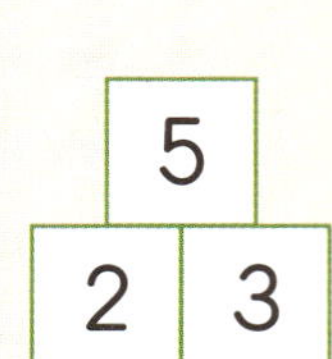
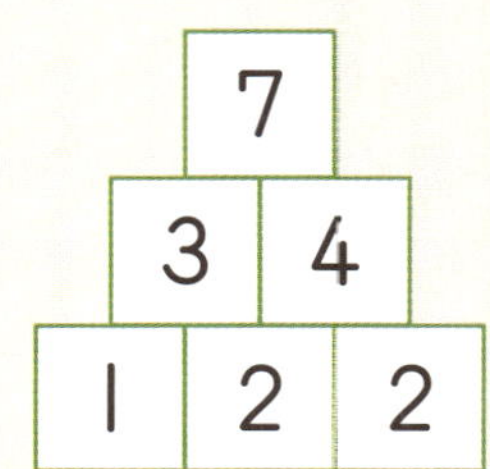

- **수 피라미드**는 수를 가르기, 모으기하여 피라미드 모양으로 놓은 것입니다.

- 아래 칸의 두 수를 모으면 바로 위 칸의 수가 됩니다.

- 위 칸의 수를 가르면 바로 아래 칸의 두 수가 됩니다.

1 수 피라미드의 규칙에 따라 아래 두 수를 모아 위에 써넣으시오.

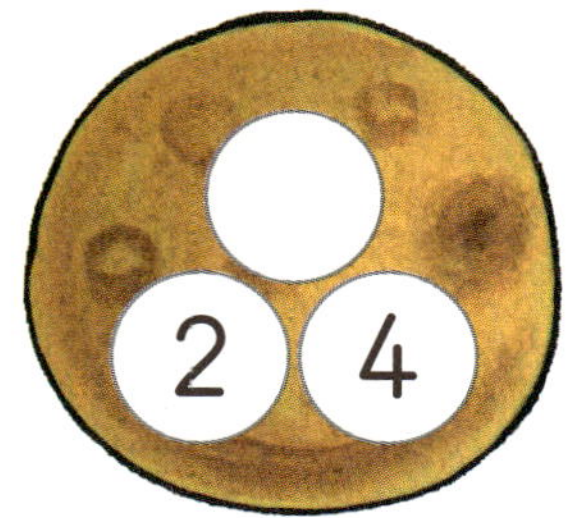

2 수 피라미드의 규칙에 따라 빈 곳에 알맞은 수를 써넣으시오.

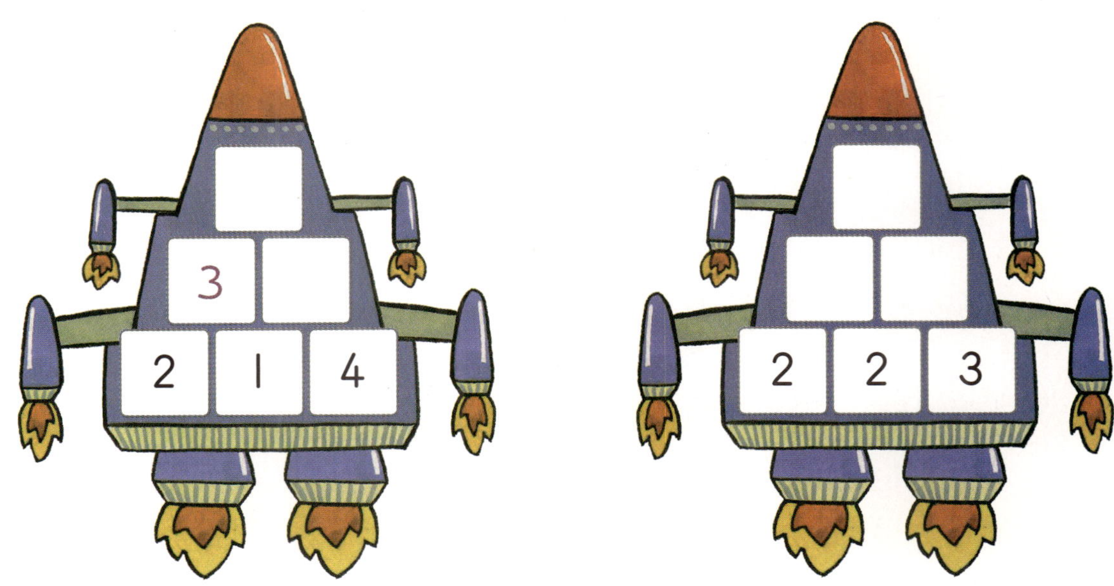

3 수 피라미드의 규칙에 따라 빈 곳에 알맞은 수를 써넣으시오.

- 세로줄을 따라 위에서 아래로 내려갑니다.

- 가로줄을 만나면 가로줄을 따라 이동하고, 다시 세로줄을 만나면 세로줄을 따라 아래로 내려갑니다.

1 사다리를 타고 내려가며 바구니에 장난감을 담습니다. 바구니에 담긴 장난감의 수를 쓰시오.

2　비행기가 활주로를 따라가며 가방을 싣습니다. 빈 곳에 가방의 수만큼 ○표 하고, 알맞은 수를 써넣으시오.

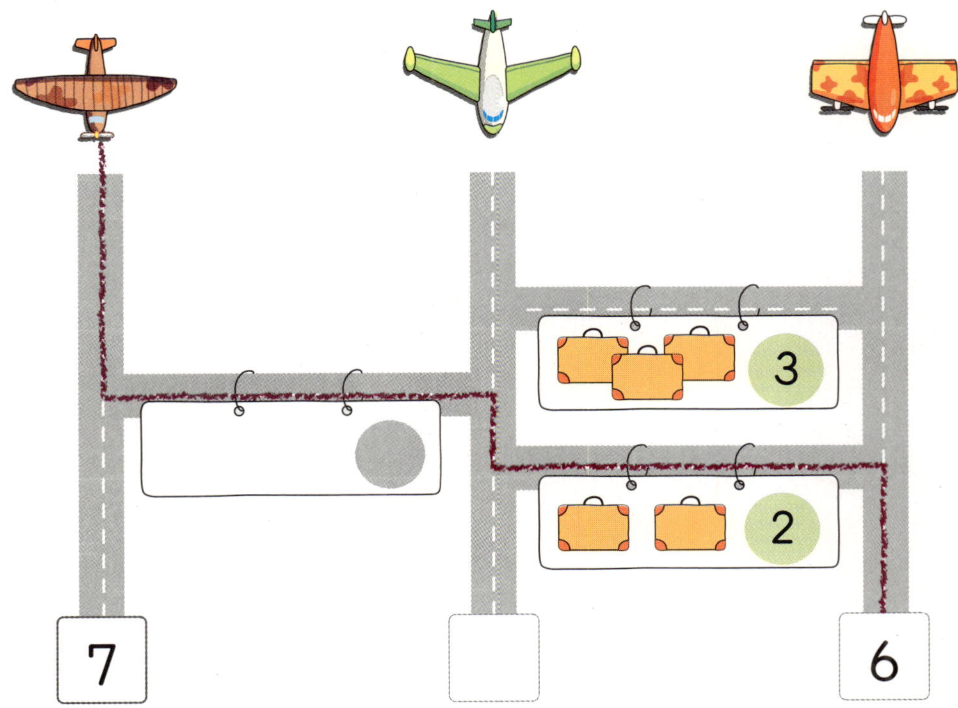

3　사다리 타기를 하여 모은 수를 빈 곳에 써넣으시오.

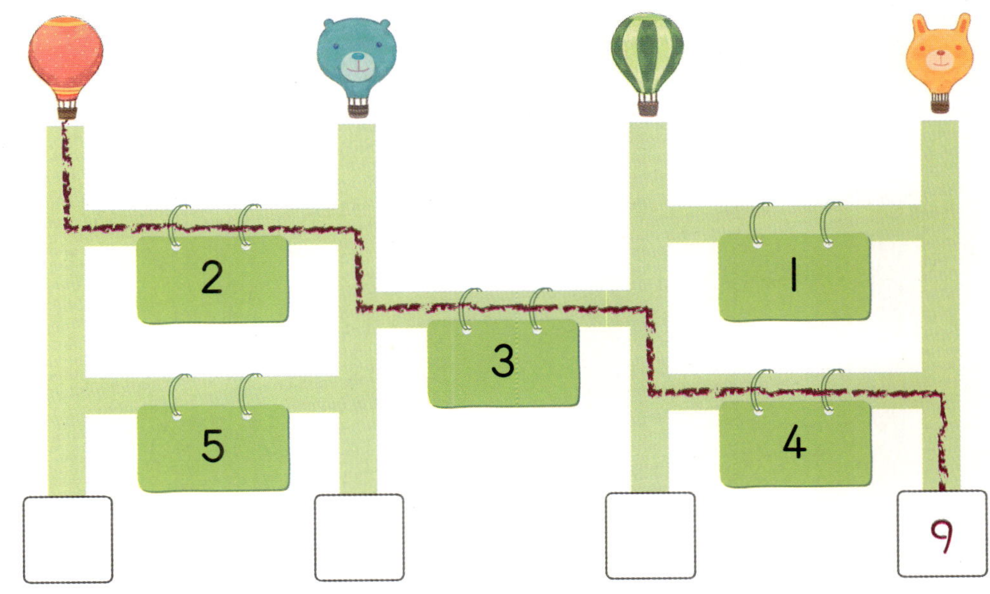

[9 모으기]

1 숫자가 쓰인 종이 비행기가 날아다니고 있습니다. 모아서 9가 되는 두 수를 선으로 이어 보시오.

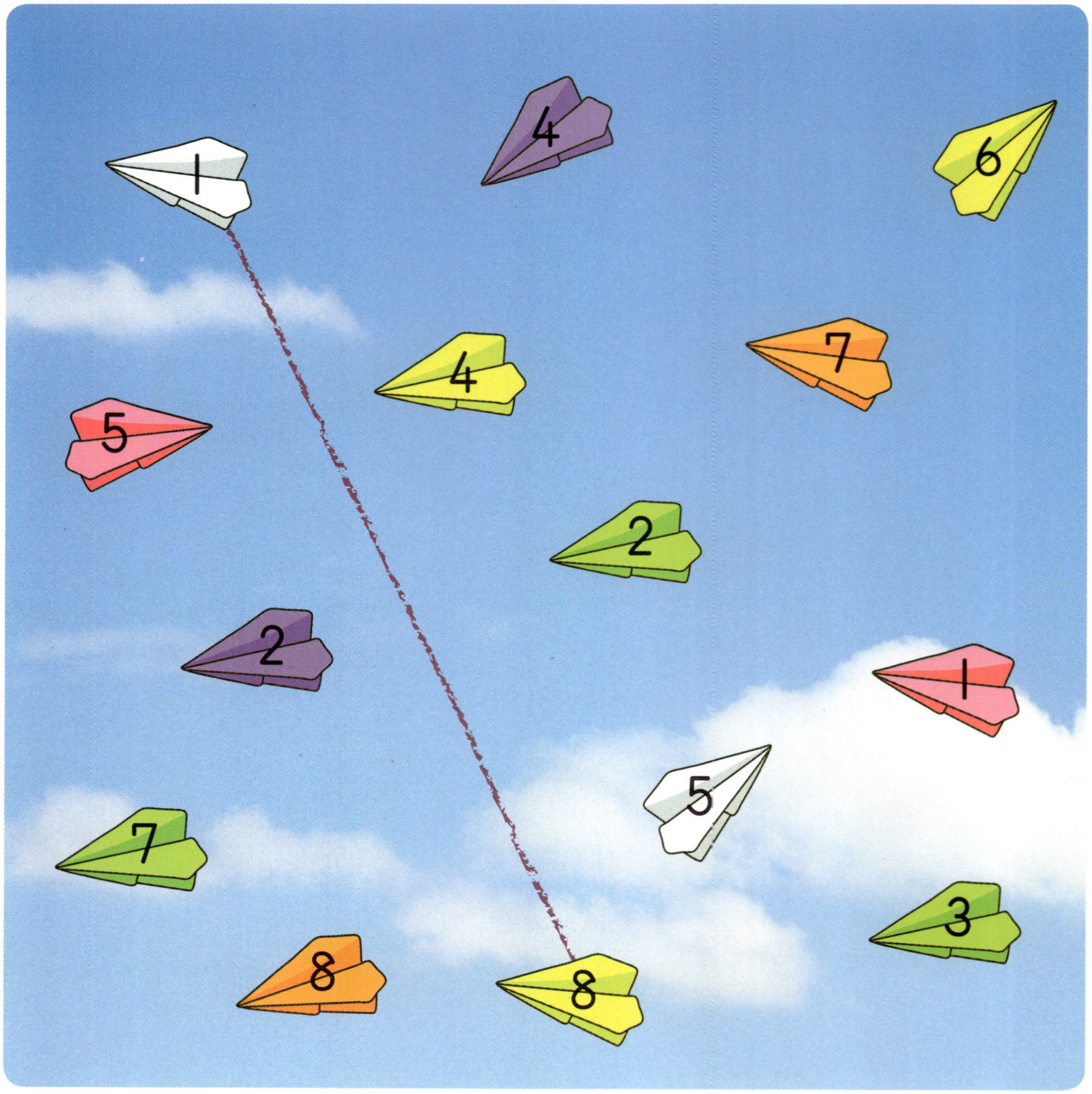

2 화물기에 실어야 하는 상자들이 쌓여 있습니다. 규칙에 따라 빈칸에 알맞은
수를 써넣으시오.

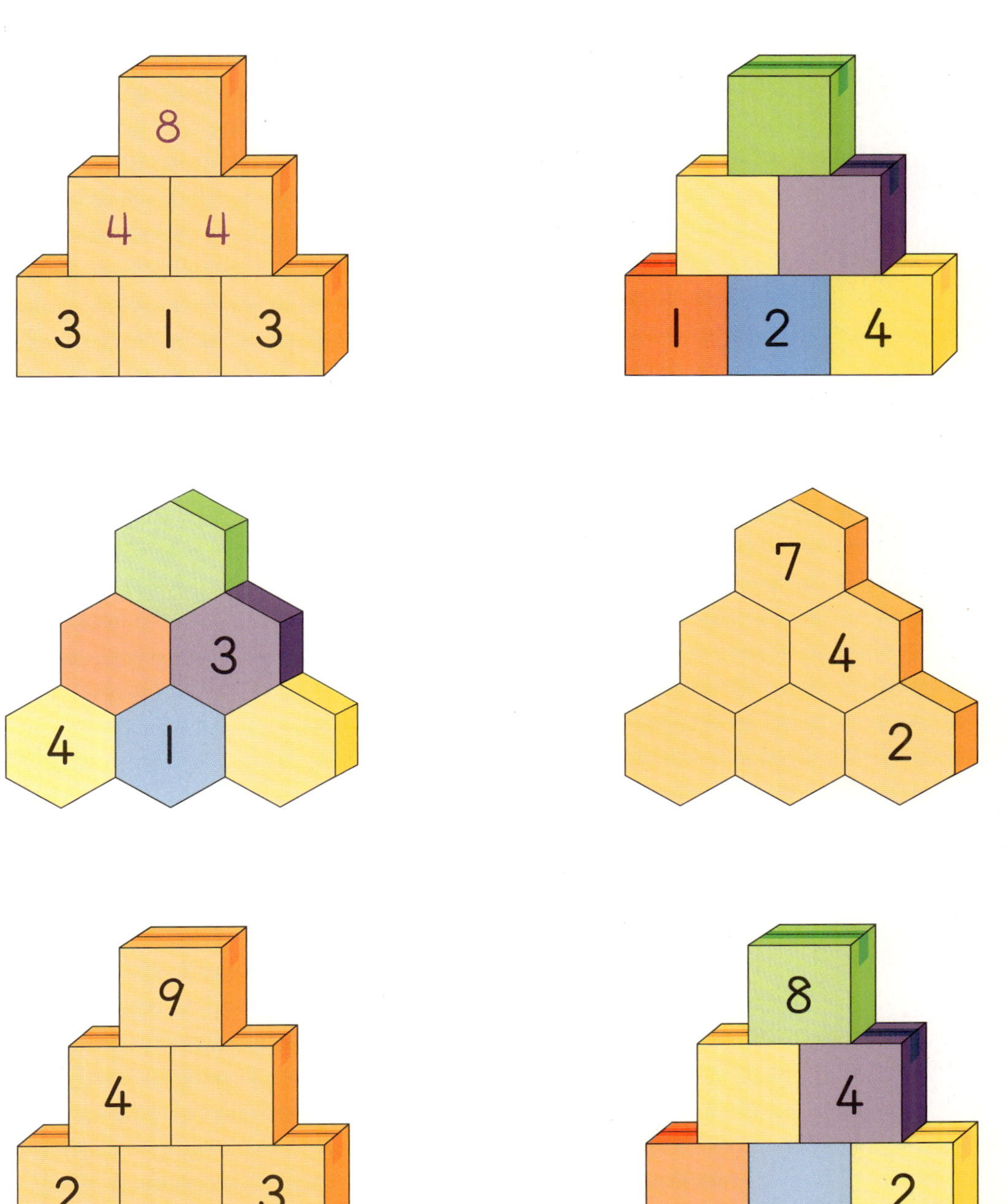

[사다리 타기]

3 경찰관이 모자를 확인하며 사다리를 타고 내려가고 있습니다. 빈 곳에 알맞은 그림의 수만큼 ○를 그리고, 빈칸에 알맞은 수를 써넣으시오.

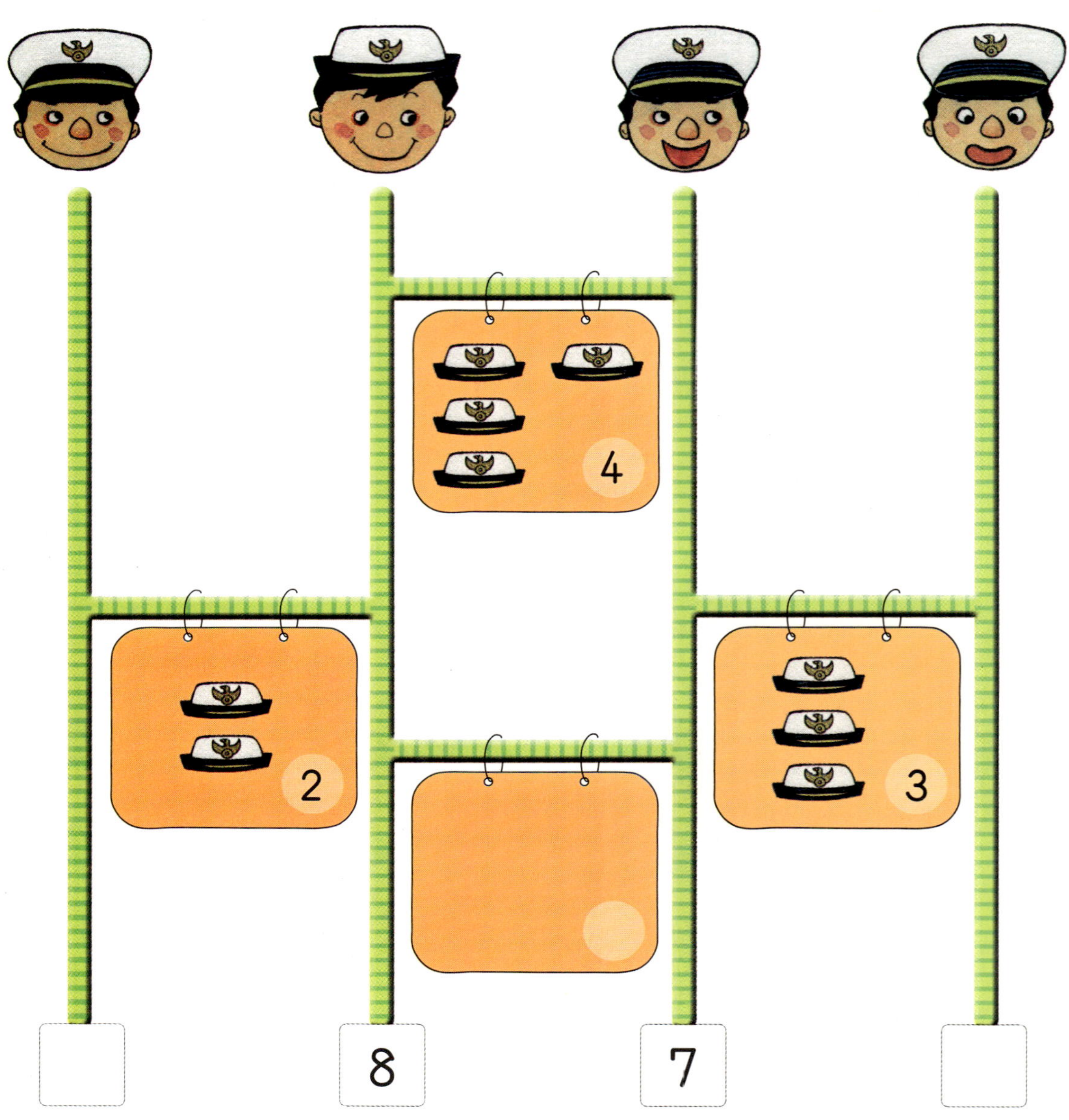

[열기구]

4 가로줄과 세로줄에 있는 열기구를 모아 ◯안에 그 수를 써넣으려고 합니다. 빈 곳에 알맞은 그림의 수만큼 ◯를 그리고, ◯안에 알맞은 수를 써넣으시오.

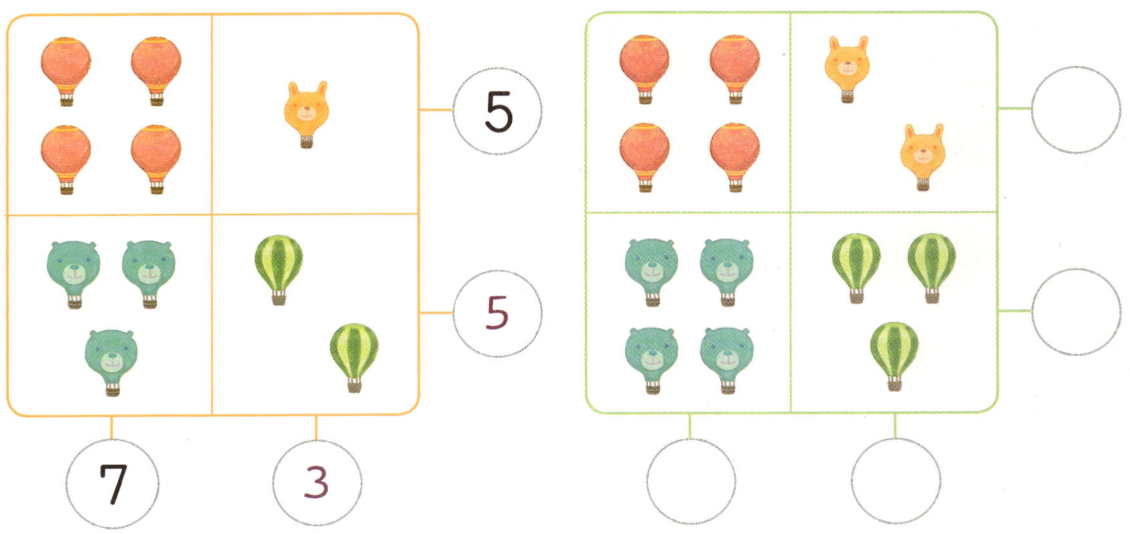

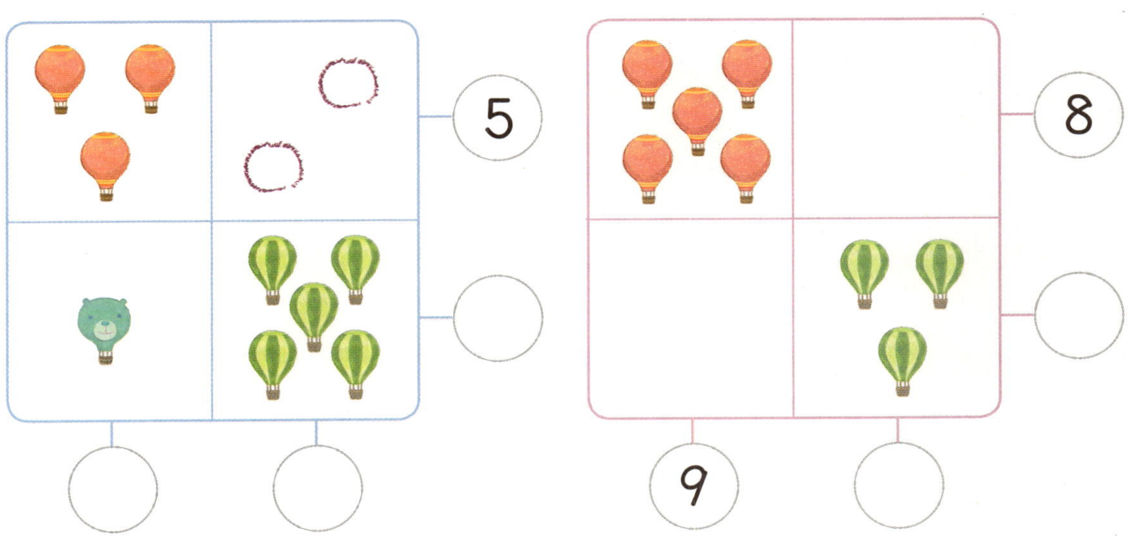

지식 백과

하늘에도 길이 있을까?

공항과 공항 사이에는 눈에 보이지는 않지만 복잡하게 항공로가 연결되어 있습니다. 도로에 교통표지와 교통규칙이 있는 것처럼 항공로를 다니기 위해서도 하늘의 교통규칙과 약속을 반드시 지켜야 합니다.

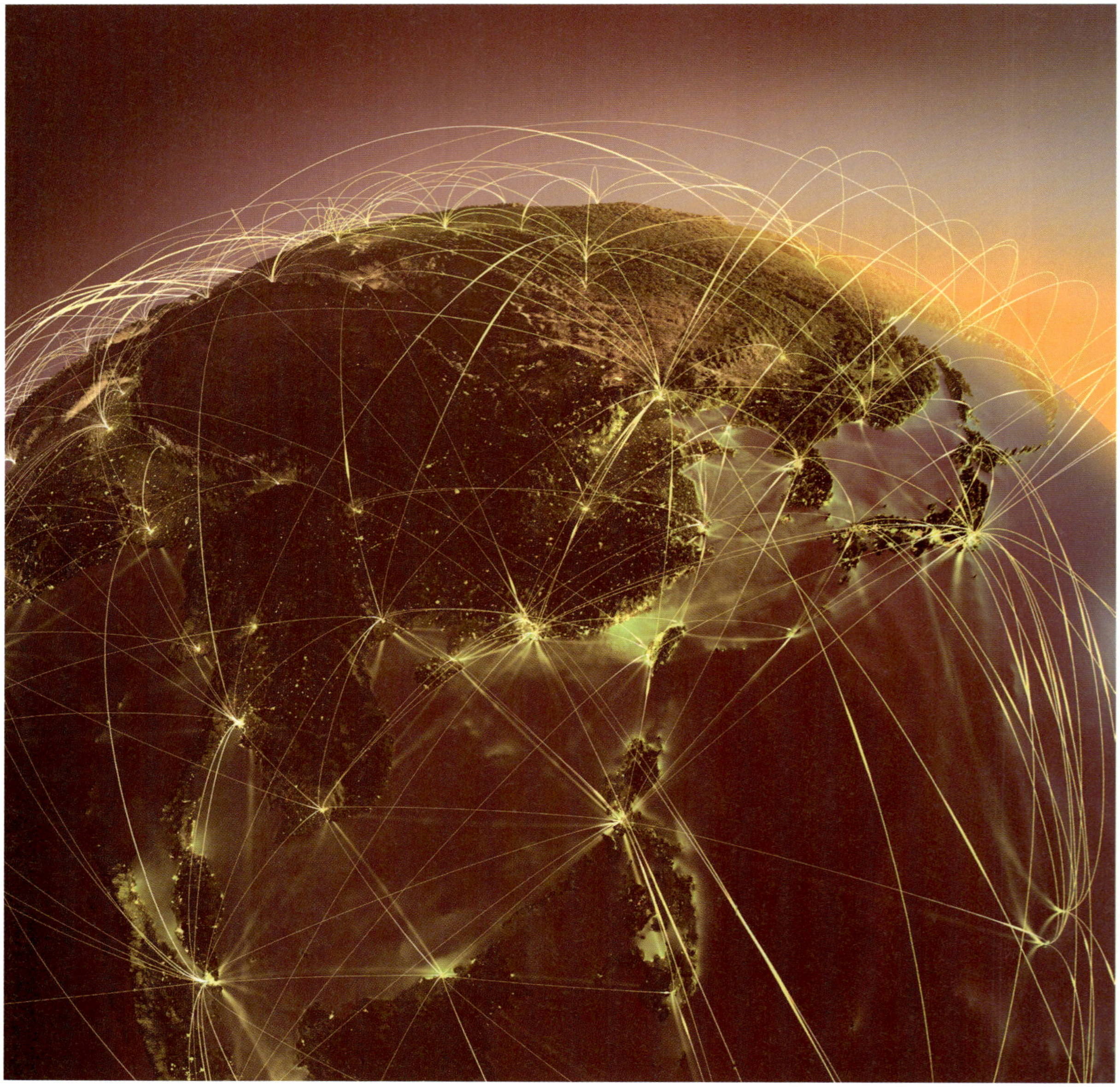

그림에서 점은 공항을, 선은 항공로를 나타냅니다. 출발에서 도착까지 항공로를 따라 어떻게 갈 수 있을까요?

1 공항을 가장 적게 들러서 도착까지 가는 방법은 무엇일까요?

2 빨간색 나라의 공항에서는 비행기를 갈아탈 수 없다면, 도착지까지 갈 수 있을까요?

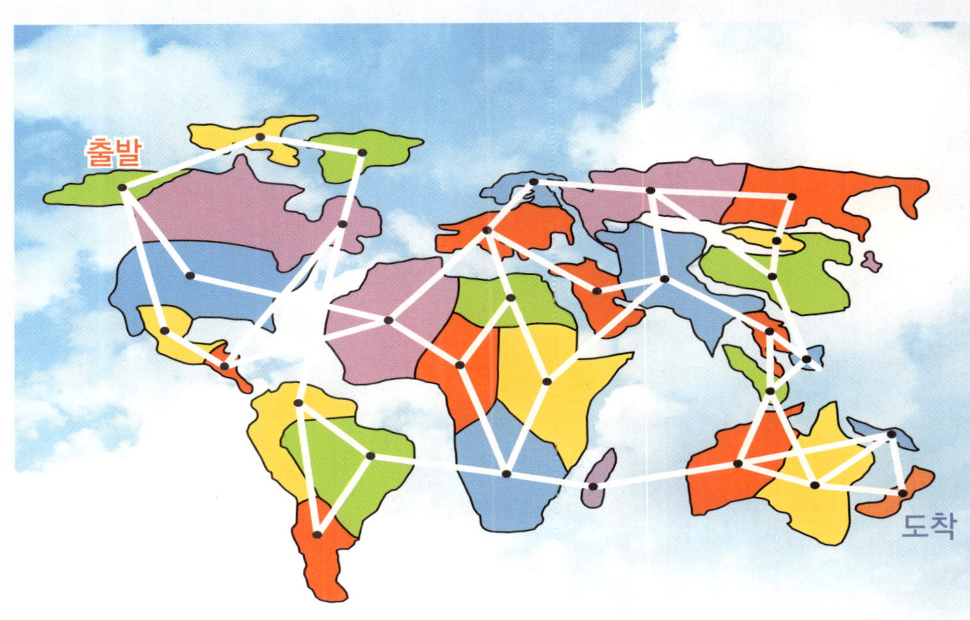

1 공항 7개를 들러 갈 수 있습니다.
2 네. 갈 수 있습니다.

교통 경찰

복잡한 도로는 나에게 맡겨!

빵
빵
빨리가!
!
내가 먼저야!
4·242

빵 빵
비켜!
0070
8282
교통 경찰 71

출동!! 이런, 도로가 엉망이잖아~
삐빅
이번엔 내가 먼저 가서 정리를 해 볼게~

랄랄라~
씽
야호~
교통 경찰관님이 최고!
교통 경찰관님 감사합니다.
신난다~
히히히~
ㅋㅋㅋ

생각 열기 교통 약속, 수학 약속

교통 약속을 보고 수학에서 +, −는 어떤 약속일지 예상하여 써 봅시다.

교통 약속

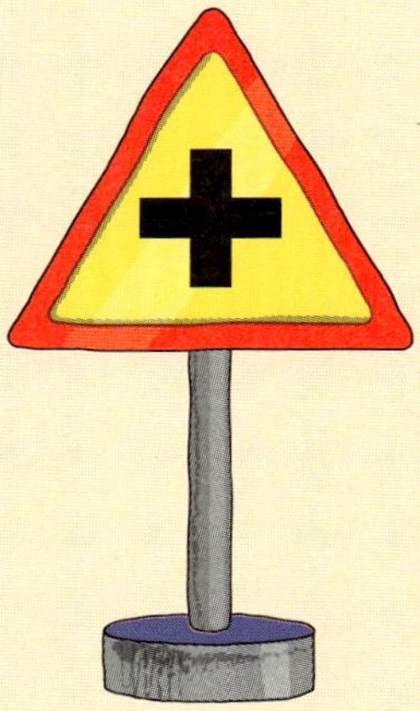

+ 모양으로 엇갈린 길이
나옵니다. 차가 많고,
복잡하니 조심하세요.

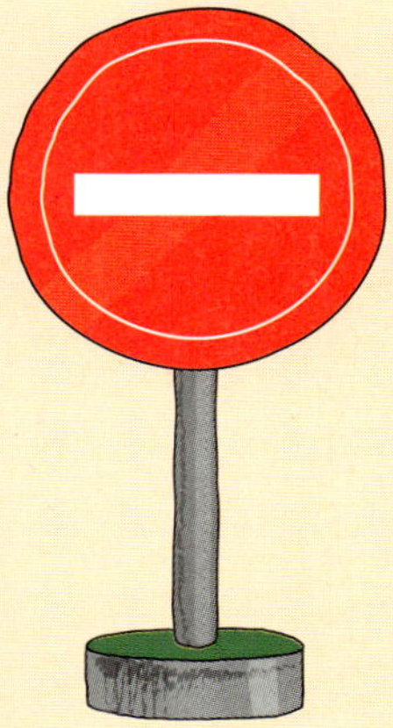

들어갈 수 없습니다.
이미 들어간 차들은
뒤로 빼야 해요.

수학 약속

$$0+1=1 \qquad 5-4=1$$
$$1+2=3 \qquad 4-3=1$$
$$2+3=5 \qquad 3-2=1$$
$$3+4=7 \qquad 2-1=1$$
$$4+5=9 \qquad 1-0=1$$

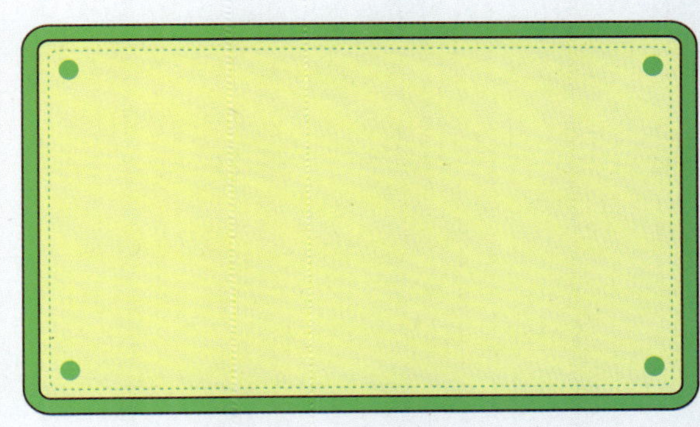

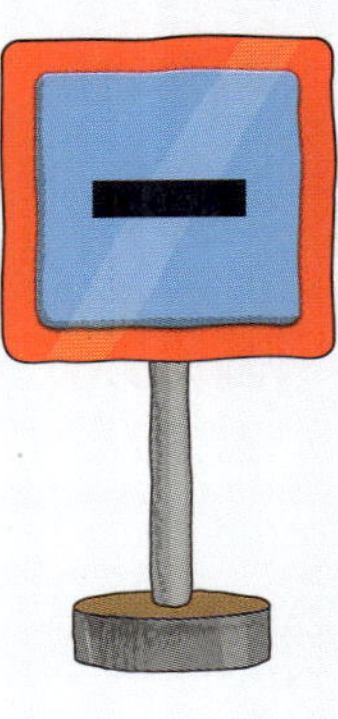

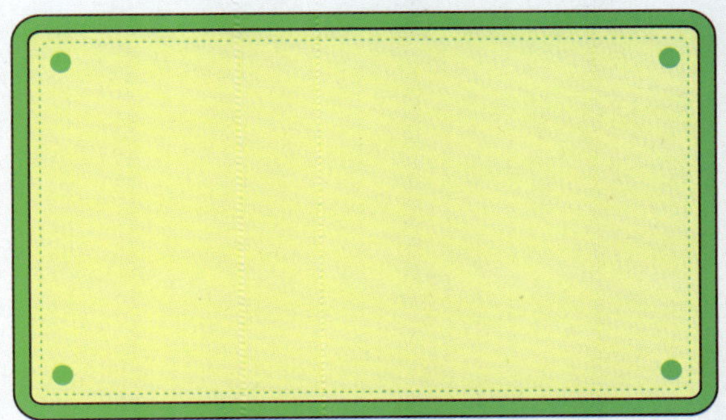

덧셈

- 쓰기 : $3+2=5$

- 읽기 : 3 더하기 2는 5와 같습니다.

  3과 2의 합은 5입니다.

1 그림을 보고 덧셈을 하시오.

$3+5=$ 8

$4+2=$ ☐

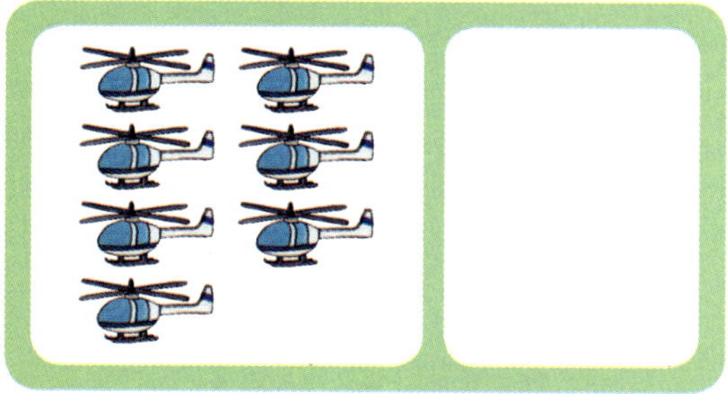

$7+0=$ ☐

☐ $+$ ☐ $=$ ☐

2 주사위를 보고, 덧셈을 하시오.

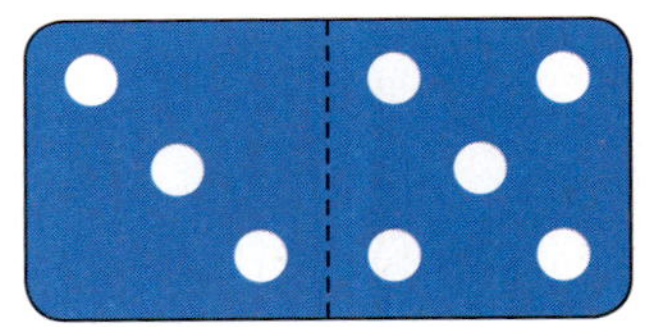

$3+5=\boxed{8}$

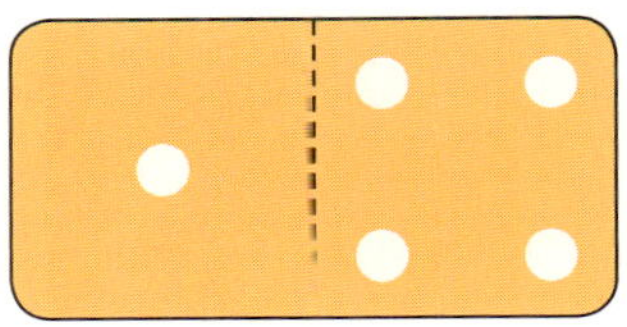

$1+4=\boxed{}$

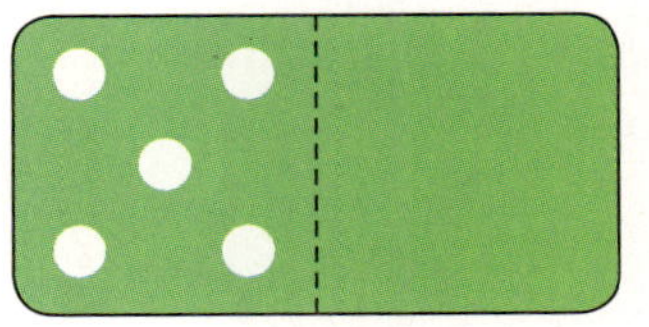

$5+0=\boxed{}$

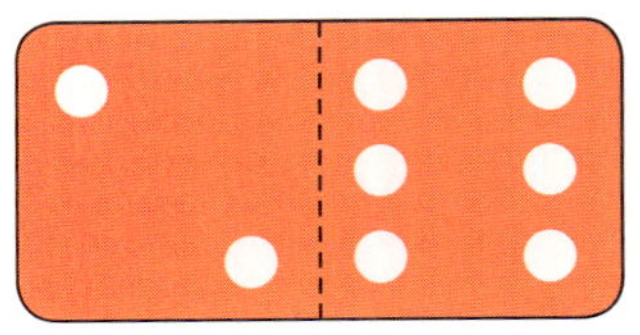

$2+6=\boxed{}$

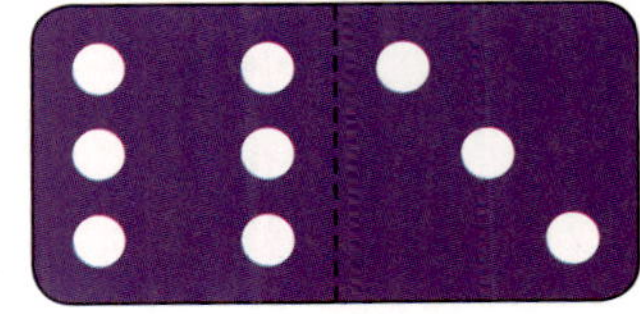

$6+\boxed{}=\boxed{}$

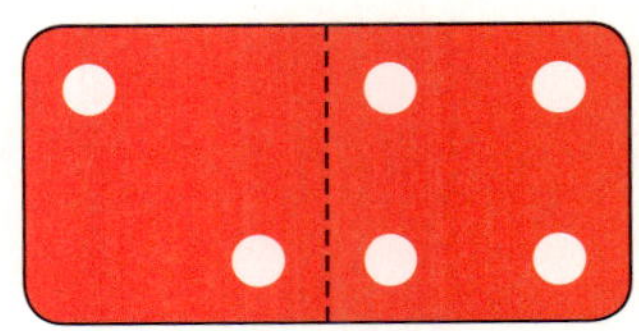

$\boxed{}+4=\boxed{}$

3 식에 맞게 ◯표 하고, 덧셈을 하시오.

$2+3=\boxed{}$

$1+5=\boxed{}$

$4+4=\boxed{}$

뺄셈

- 쓰기 : $5 - 2 = 3$

- 읽기 : 5 빼기 2는 3과 같습니다.
  5와 2의 차는 3입니다.

1 개수만큼 /로 지우고 뺄셈을 하시오.

$8 - 2 =$ 6

$6 - 5 =$

$9 - 4 =$

$7 - 3 =$

2 그림을 보고 뺄셈을 하시오.

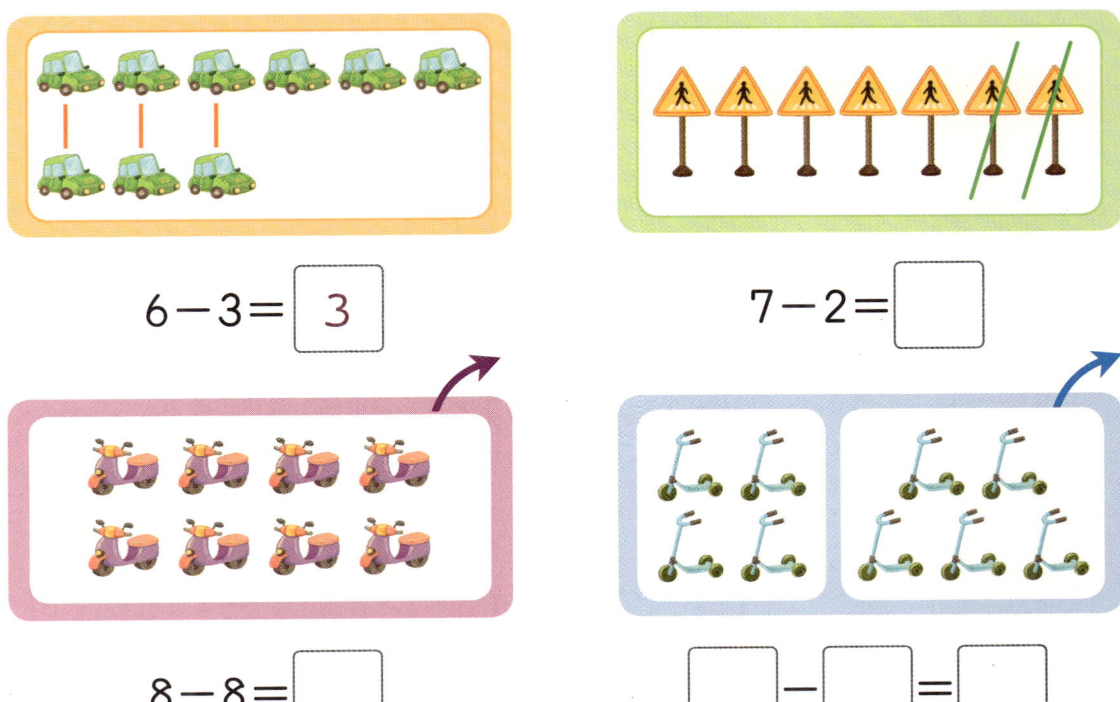

$6-3=\boxed{3}$

$7-2=\boxed{}$

$8-8=\boxed{}$

$\boxed{}-\boxed{}=\boxed{}$

3 그림을 보고 뺄셈을 하시오.

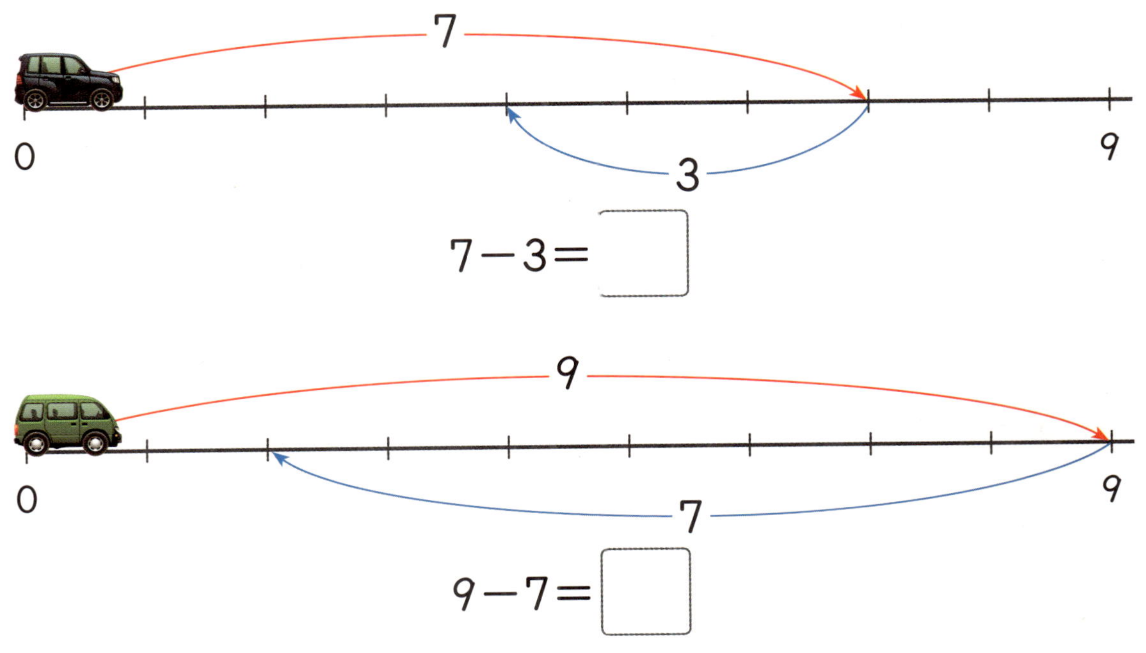

$7-3=\boxed{}$

$9-7=\boxed{}$

[덧셈식]

1 그림을 보고, 알맞은 덧셈식을 써보시오.

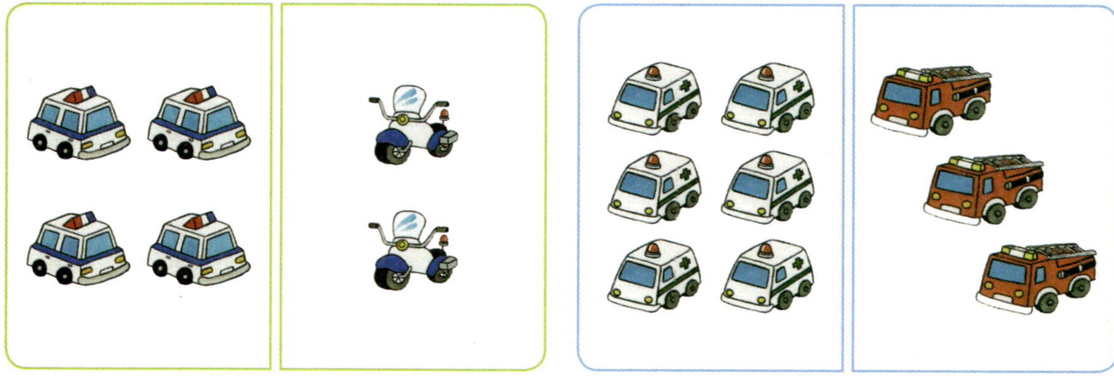

$$4 + 2 = 6$$

[뺄셈식]

2 그림을 보고, 알맞은 뺄셈식을 써보시오.

3 화살표를 그려 덧셈과 뺄셈을 해 보시오.

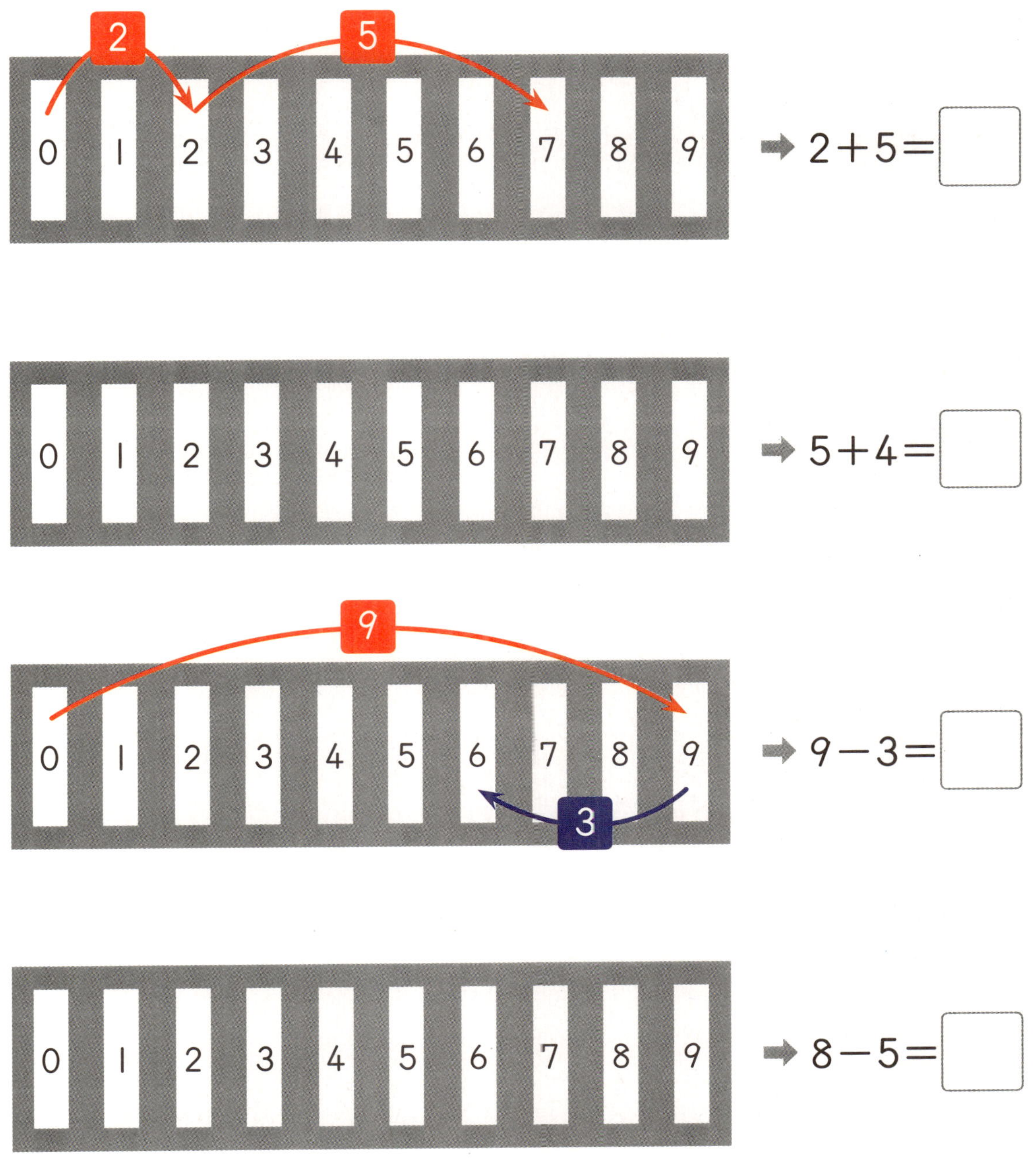

[신호등]

4 신호등을 표시하는 색은 빨강, 주황, 초록입니다. 빨강은 정지, 주황은 주의, 초록은 진행을 나타냅니다. 신호등을 보고, 덧셈과 뺄셈을 하여 빈칸에 알맞은 수를 써넣으시오.

1 + 5 = 6	2 + 6 =
7 + 2 =	3 + 3 =
7 − 3 = 4	8 − 4 =
6 − 1 =	9 − 2 =
5 − 5 =	4 − 0 =

5 교통 경찰관이 계산 결과가 같은 동료와 차를 타고 순찰할 수 있도록 선으로 이어 보시오.

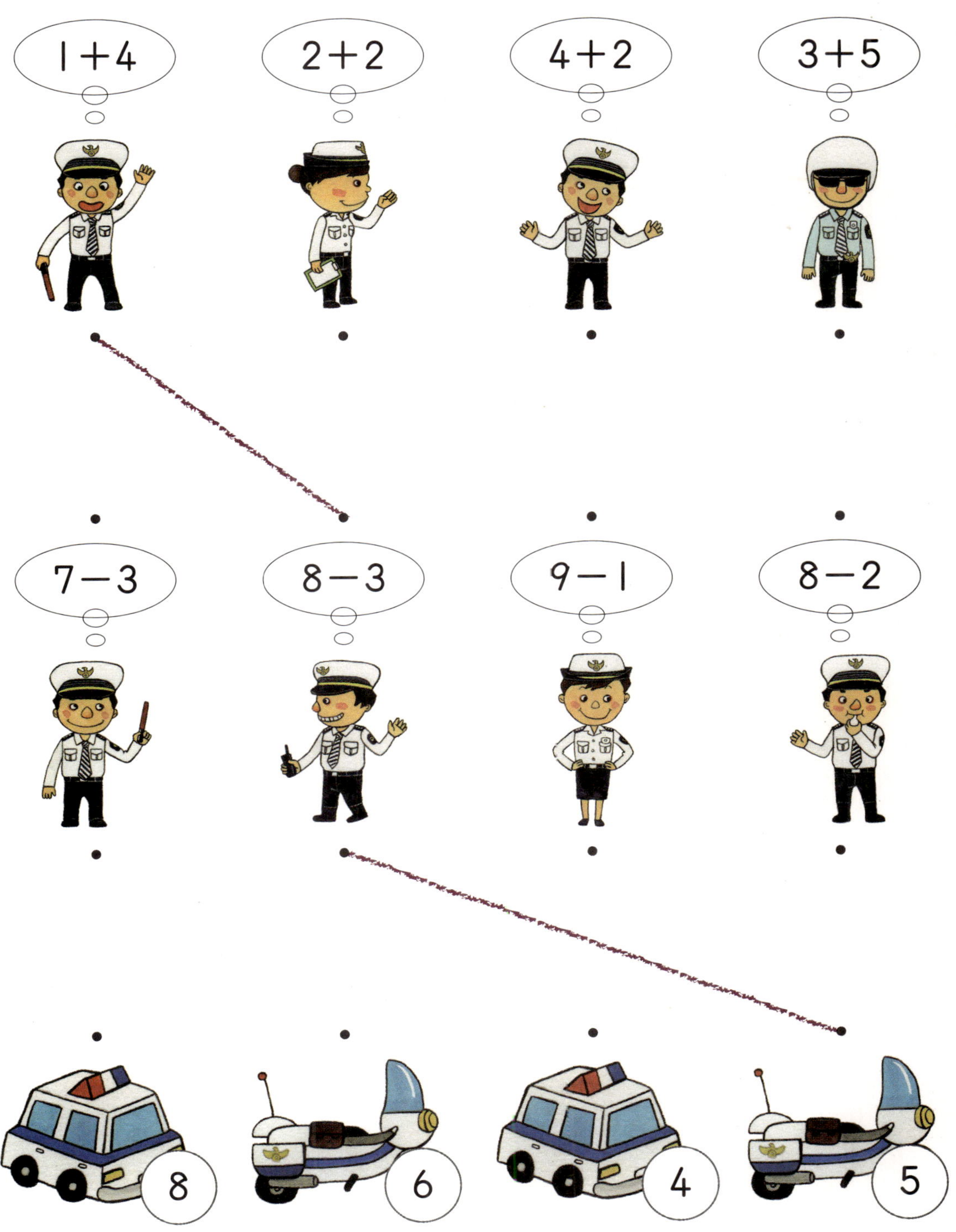

그림에 알맞은 식을 만들어 봅시다.

붙임 딱지   경찰 배지

게임 방법

① 그림 카드를 보고, 덧셈식 또는 뺄셈식으로 만들어 씁니다.

② 하나의 그림을 보고 여러 개의 식을 만들 수도 있습니다.

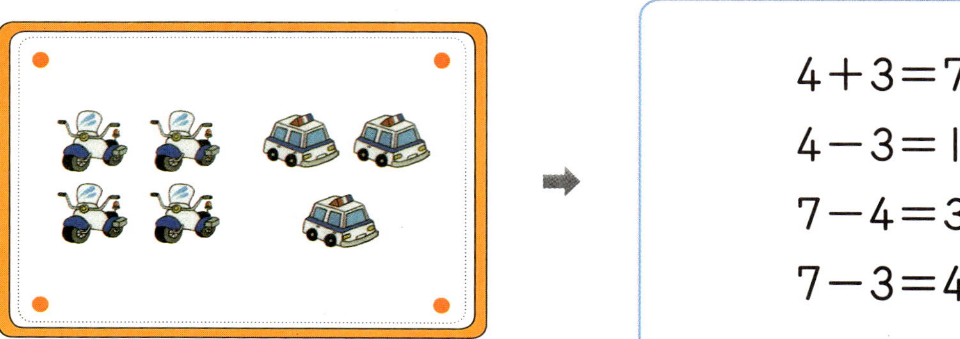

③ 식을 만들 때마다 경찰 배지가 그려진 붙임 딱지를 붙입니다.

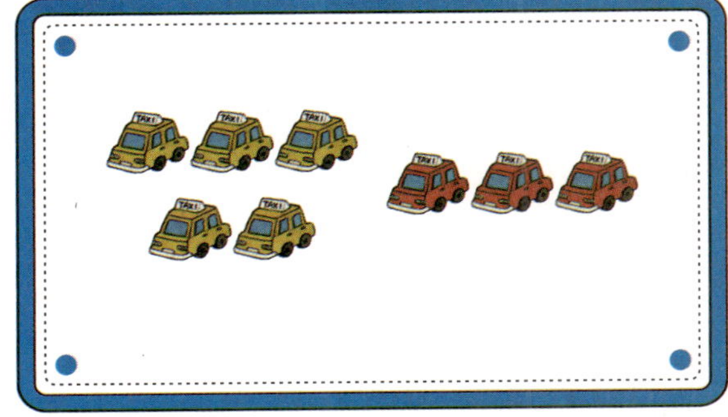

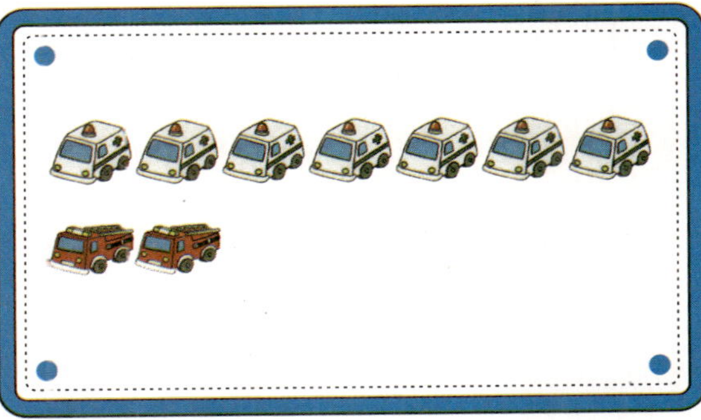
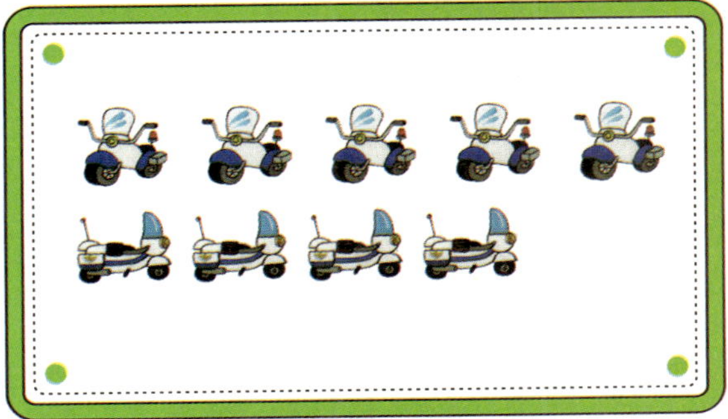

교통 안전 그림 카드를 보고, 덧셈식 또는 뺄셈식을 만들어 봅시다.

식

오토바이와 자동차

4 + 3 = 7

4 − 3 = 1

공사 현장은 물건이 떨어질 수 있으니 다른 길로 가야해요.
공사중
공사중

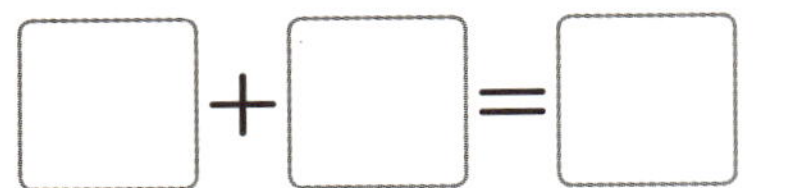

공이 차도로 굴러가면 어른한테 도와 달라고 해야 해요.

- 표지판 **5**개로 덧셈식과 뺄셈식을 만들 수 있습니다.
  ➡ 덧셈식 : 2+5=7, 5+2=7
  　뺄셈식 : 7−2=5, 7−5=2

1　표지판을 이용하여 서로 다른 식을 만들어 보시오.　

2 표지판을 이용하여 여러 가지 덧셈식과 뺄셈식을 만들어 보시오.

$$\square + \square = \square$$
$$\square + \square = \square$$

$$\square - \square = \square$$
$$\square - \square = \square$$

3 식을 만드는 데 필요한 표지판에 ○표 하시오.

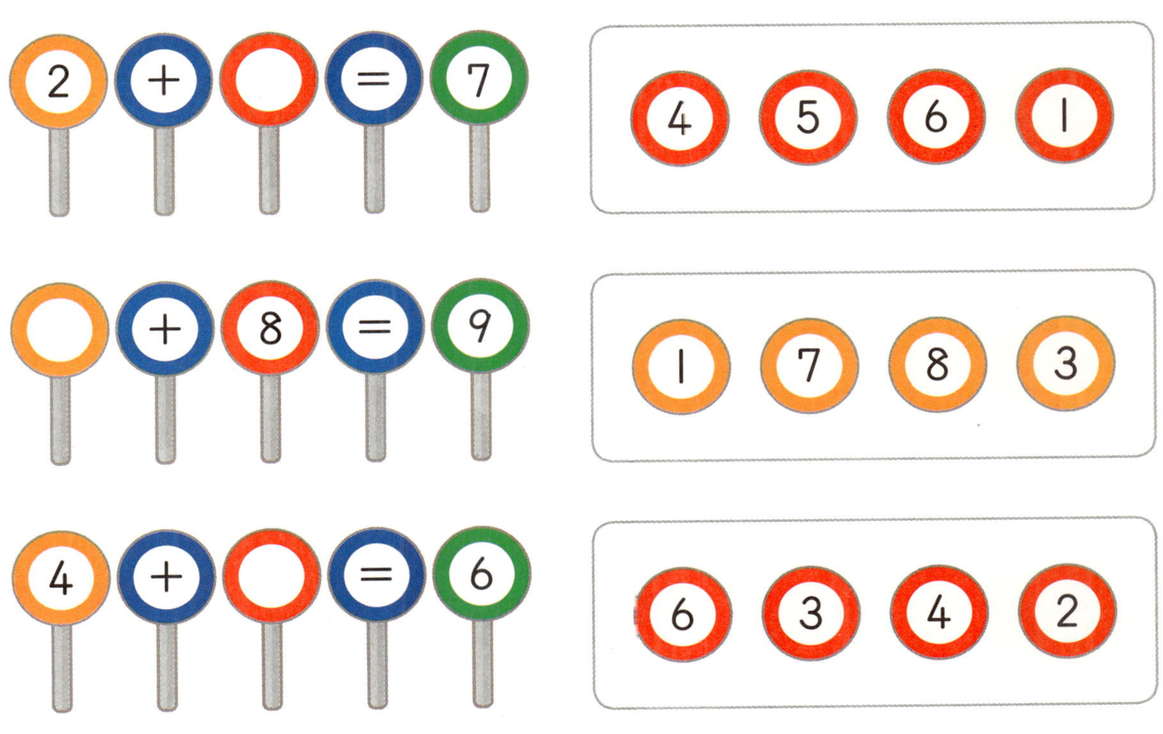

- **복면산**은 그림이 수를 대신하는 수학 퍼즐입니다.

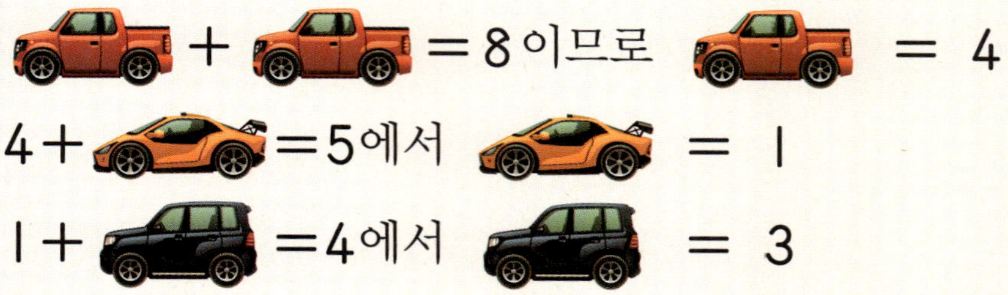

$$\text{(트럭)} + \text{(트럭)} = 8 \text{이므로} \quad \text{(트럭)} = 4$$

$$4 + \text{(스포츠카)} = 5 \text{에서} \quad \text{(스포츠카)} = 1$$

$$1 + \text{(SUV)} = 4 \text{에서} \quad \text{(SUV)} = 3$$

1 같은 그림은 같은 수를 나타냅니다. 그림이 나타내는 수를 찾아 빈칸에 써 넣으시오.

$$\text{(경찰차)} + \text{(경찰차)} = 6 \qquad \text{(경찰차)} = \boxed{3}$$

$$\text{(경찰차)} + \text{(택시)} = 5 \qquad \text{(택시)} = \boxed{}$$

$$\text{(초록차)} + \text{(초록차)} = 8 \qquad \text{(초록차)} = \boxed{}$$

$$\text{(초록차)} - \text{(주황차)} = 3 \qquad \text{(주황차)} = \boxed{}$$

2 같은 그림은 같은 수를 나타냅니다. 그림이 나타내는 수를 찾아 빈칸에 써 넣으시오.

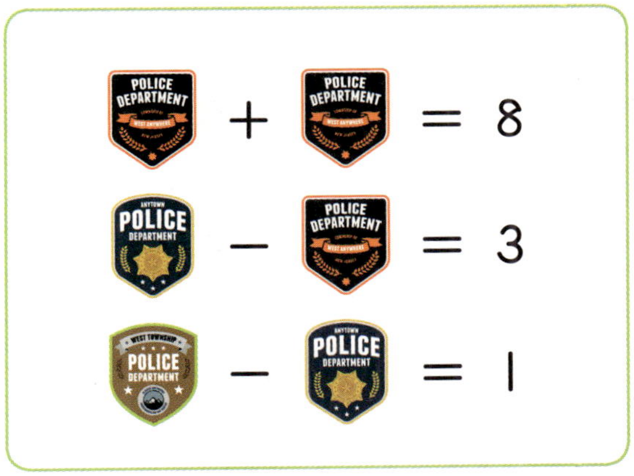

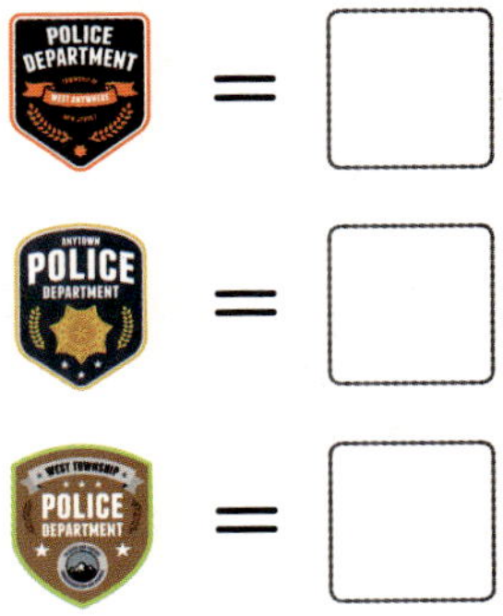

[덧셈식, 뺄셈식]

1 그림을 보고, 덧셈식과 뺄셈식을 만들어 보시오.

2 숫자 배지를 이용하여 덧셈식과 뺄셈식을 만들어 보시오.

2	+	3	=	5
3	+	2	=	5
5	−	3	=	2
5	−	2	=	3

[벌점 카드]

3 교통 질서를 지키지 않아 친구들이 벌점 카드를 2장씩 받게 되었습니다. 각 벌점 카드는 몇 점짜리인지 구하시오.

☐ 점	☐ 점	☐ 점

Tip

🪪 카드 2장의 벌점이 4점이므로 🪪 카드 1장은 2점입니다.

$$🪪 + 🪪 = 4 \Rightarrow 🪪 = 2$$

[장난감 무게]

4 장난감의 무게만큼 가격을 정하여 팔고 있습니다. 저울에 나타난 숫자는 장난감의 무게를 나타냅니다. 각 장난감의 가격을 구하시오.

지식 백과 교통 수신호

교통 경찰관 아저씨가 호루라기를 불며 손짓을 하면 차들이 멈추기도 하고, 손의 방향대로 움직이기도 합니다. 말을 하지 않고도 사람들은 어떻게 알고 움직이는 것일까요?

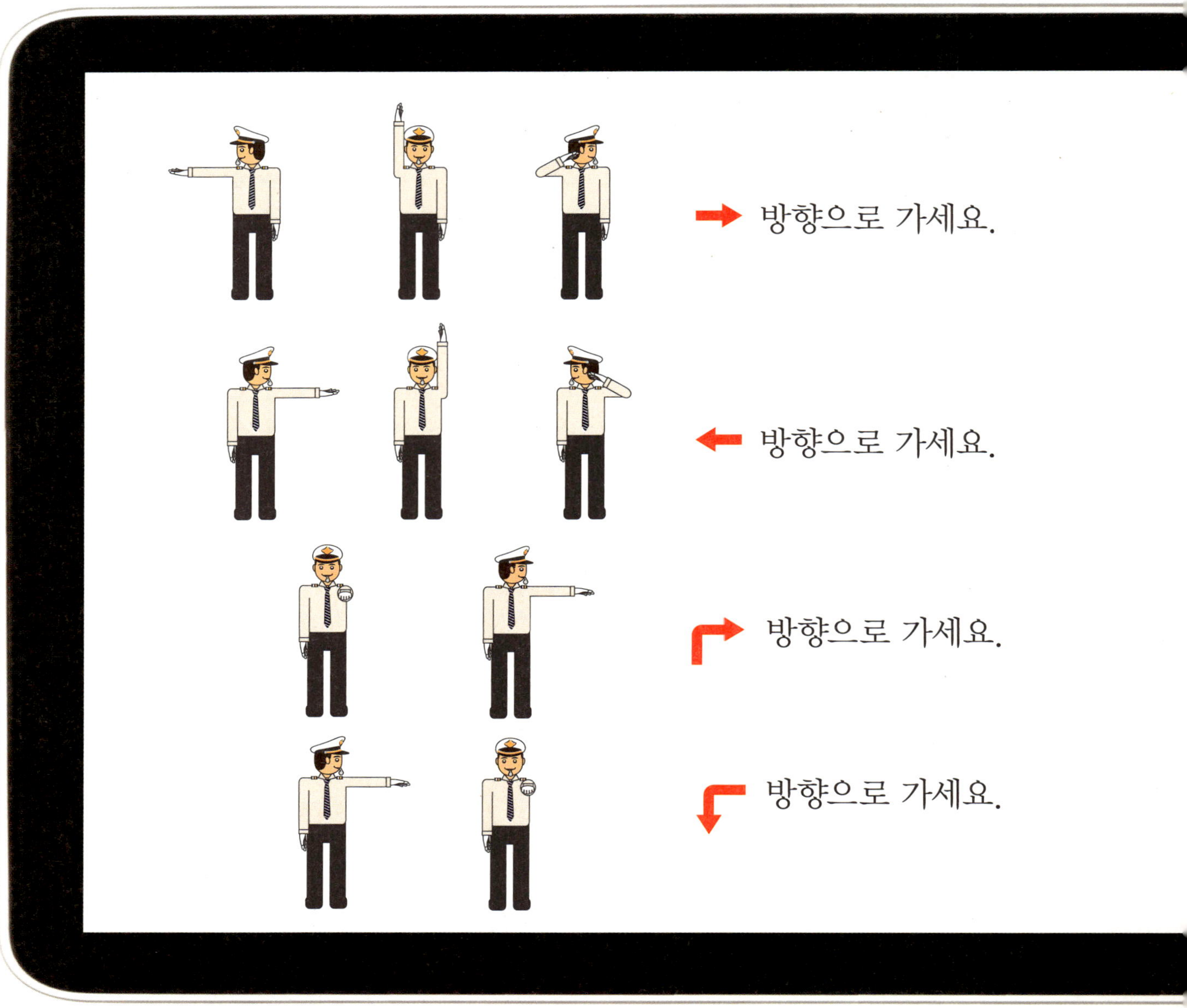

A

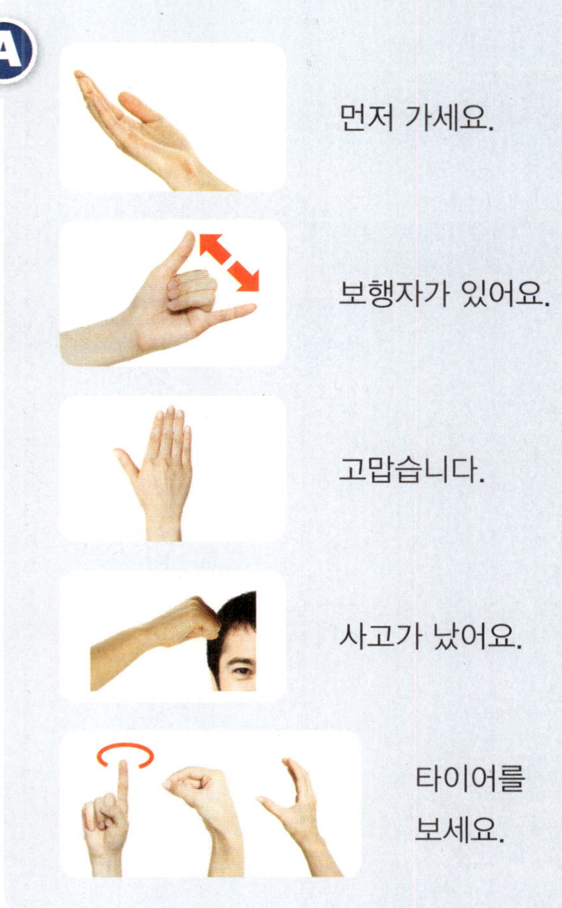

교통 수신호는 신호등이 꺼지거나 차가 많아서 혼잡할 때 차들이 원활하게 다닐 수 있도록 도와줍니다. 도로교통법에 따르면 운전자는 신호등의 신호와 교통정리를 하는 경찰관의 신호나 지시를 따라야 하며, 신호등의 신호와 경찰관의 수신호가 다를 때에는 경찰관의 신호를 따라야 한다고 되어 있습니다. 또, 경찰관을 대신해 교통정리를 도와주시는 모범운전자 및 교통봉사자의 신호도 꼭 따라야 한다는 사실 잊지 마세요.

정지 STOP 앞의 차들은
멈추세요.

정지 STOP 양쪽 차들은
모두 멈추세요.

제주도 가는 길

제주도로 가려면 뭘 타고 갈까?

옛날 제주도는 바람과 돌이 많아 사람이 살기 힘든 곳이었습니다. 또, 서울에서 가장 멀리 떨어져 있어 외로운 섬으로 생각되었습니다. 그래서 나라에 큰 죄를 지은 사람들이 벌을 받기 위해 가던 곳이었습니다.

조선 시대, 한양에서 출발해 제주도 유배지까지는 꼬박 한 달이 걸려야 도착할 수 있었습니다.

교통이 발달하면서 많은 사람들이 안전하고 편리하게
제주도를 방문할 수 있게 되었습니다.

지금의 제주도는 우리나라에서 가장 아름다운 관광지입니다. 복잡한 도시에서 떨어져 아름다운 자연 경관을 구경하고, 휴식을 하기 위해 많은 사람들이 제주도를 방문합니다.

현성이네 집에서 출발하여 제주도까지 가는 여러 가지 방법입니다. 어떻게 가는 것이 좋을지 이야기해 봅시다.

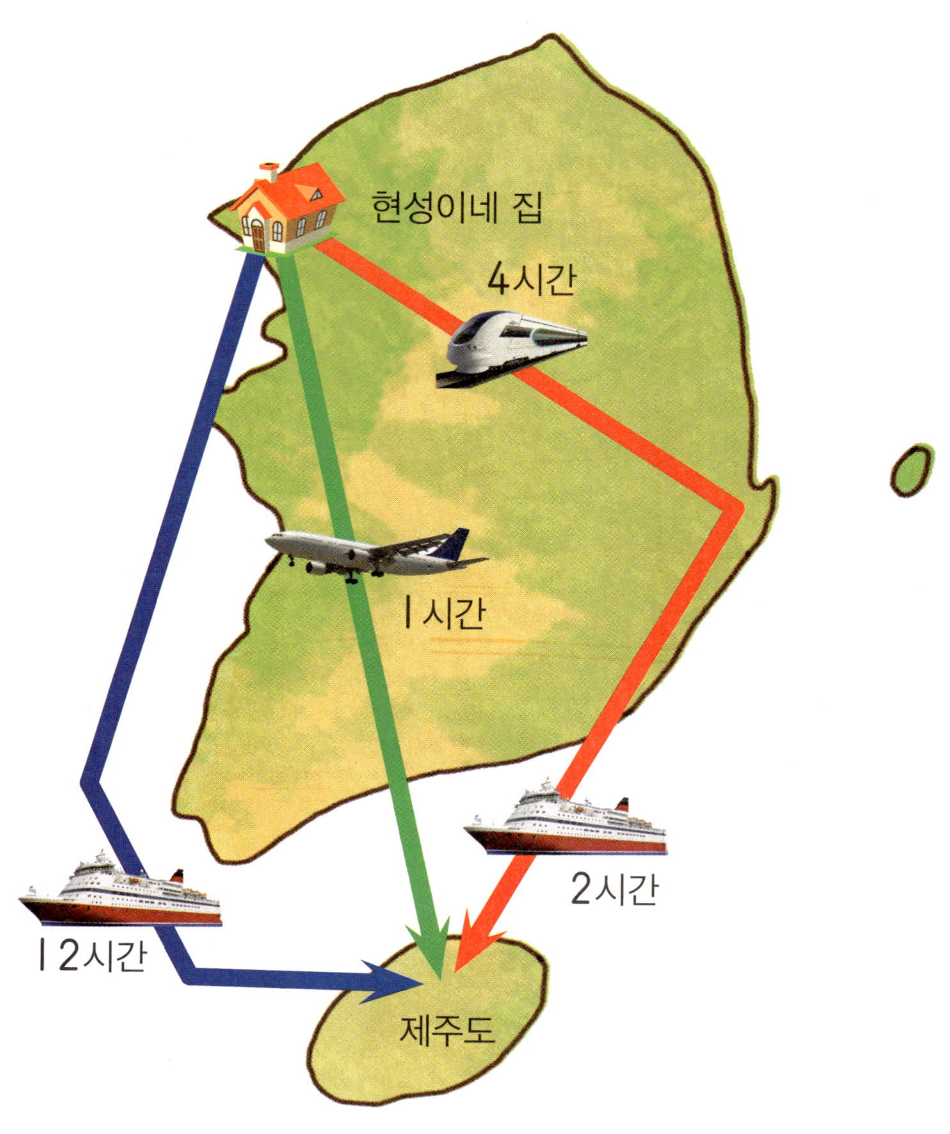

빈칸에 알맞은 수를 써넣고, 제주도까지 가는 데 가장 오랜 시간이 걸리는 방법에 ◯표 하시오.

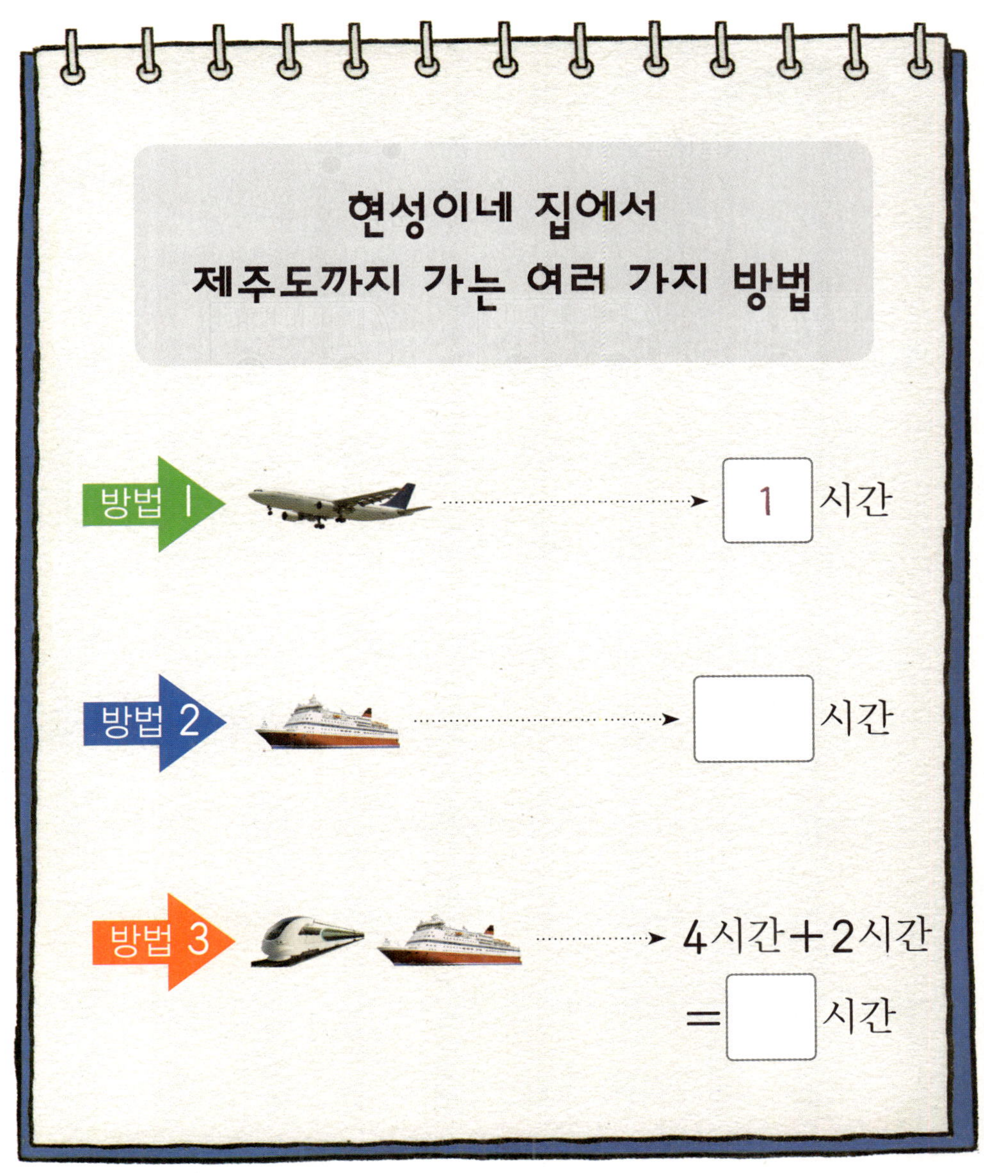

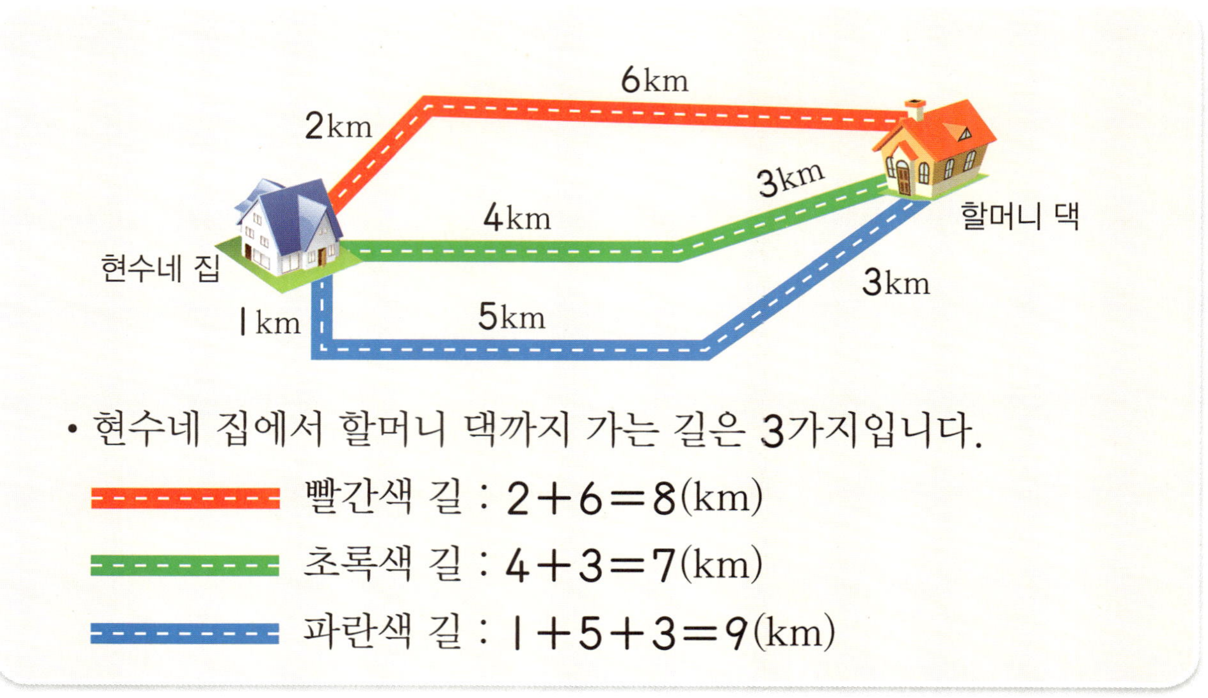

- 현수네 집에서 할머니 댁까지 가는 길은 **3**가지입니다.

  빨간색 길 : $2+6=8$(km)

  초록색 길 : $4+3=7$(km)

  파란색 길 : $1+5+3=9$(km)

1 집에서 학교까지 가는 길의 거리를 구하려고 합니다. 빈칸에 알맞은 수를 써 넣으시오.

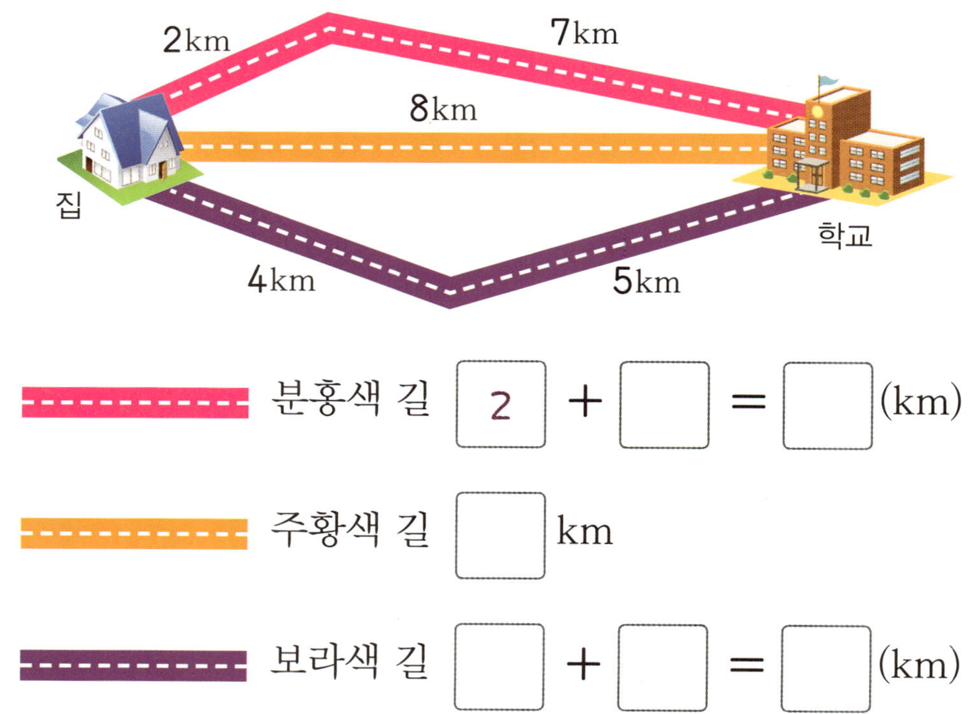

분홍색 길 $\boxed{2}$ + $\boxed{}$ = $\boxed{}$ (km)

주황색 길 $\boxed{}$ km

보라색 길 $\boxed{}$ + $\boxed{}$ = $\boxed{}$ (km)

2 집에서 우체국까지 가는 길의 거리를 구하려고 합니다. 빈칸에 알맞은 수를 써넣으시오.

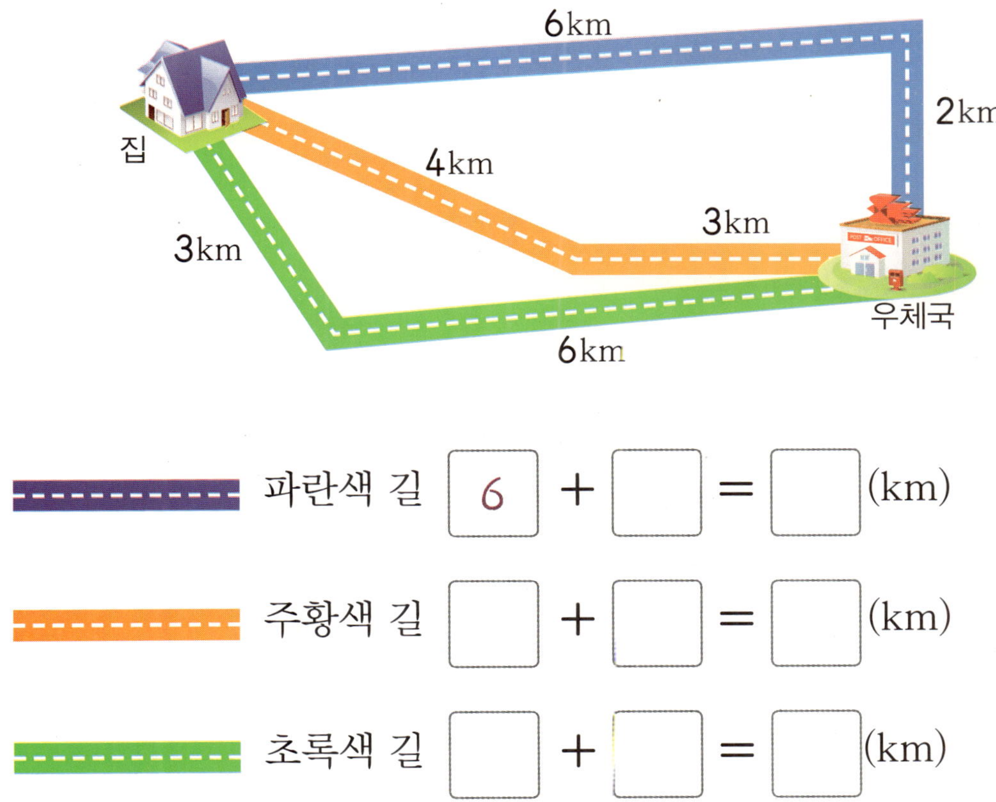

파란색 길 $\boxed{6}$ + $\boxed{}$ = $\boxed{}$ (km)

주황색 길 $\boxed{}$ + $\boxed{}$ = $\boxed{}$ (km)

초록색 길 $\boxed{}$ + $\boxed{}$ = $\boxed{}$ (km)

3 집에서 도서관까지 가는 길 중에서 더 가까운 길을 쓰시오.

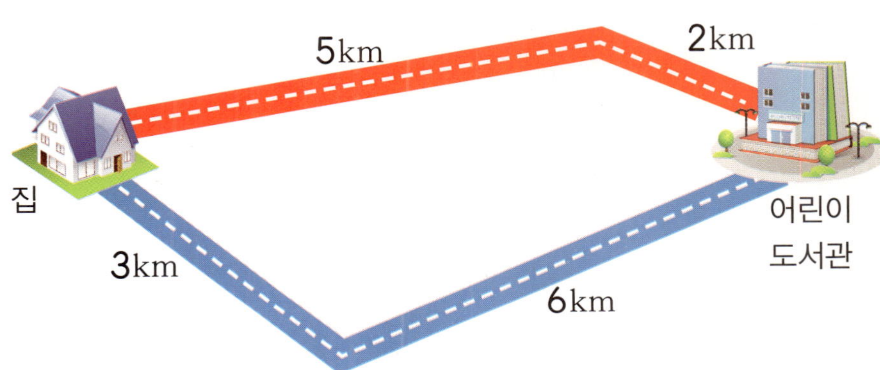

- 전체 길의 거리를 보고, ☐를 구합니다.

$6 + ☐ = 8 \text{(km)}, \quad ☐ = 2$

$3 + ☐ = 8 \text{(km)}, \quad ☐ = 5$

1 학교에서 어린이 도서관까지 가는 길은 3가지입니다. 그런데 3가지 길 모두 거리가 9km라고 합니다. 빈칸에 알맞은 수를 써넣으시오.

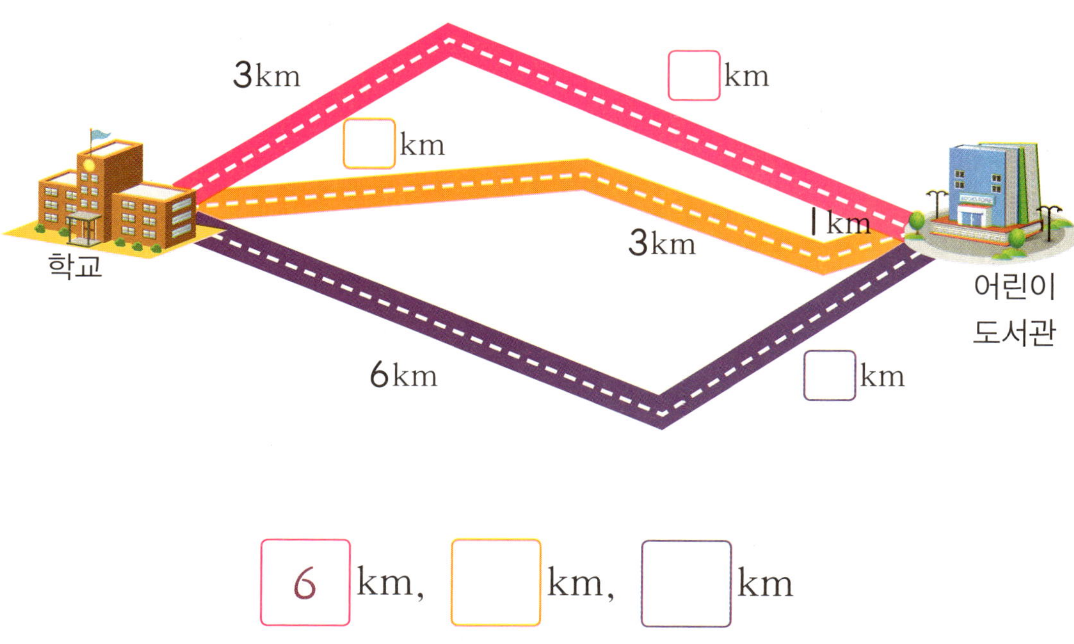

6 km, ☐ km, ☐ km

2 집에서 어린이 도서관까지 거리가 다른 2개의 길을 각각 만들려고 합니다.
거리가 1, 2, 3, 4, 5인 5개의 길을 이어 붙여 길을 완성하시오.

붙임 딱지 길 5종

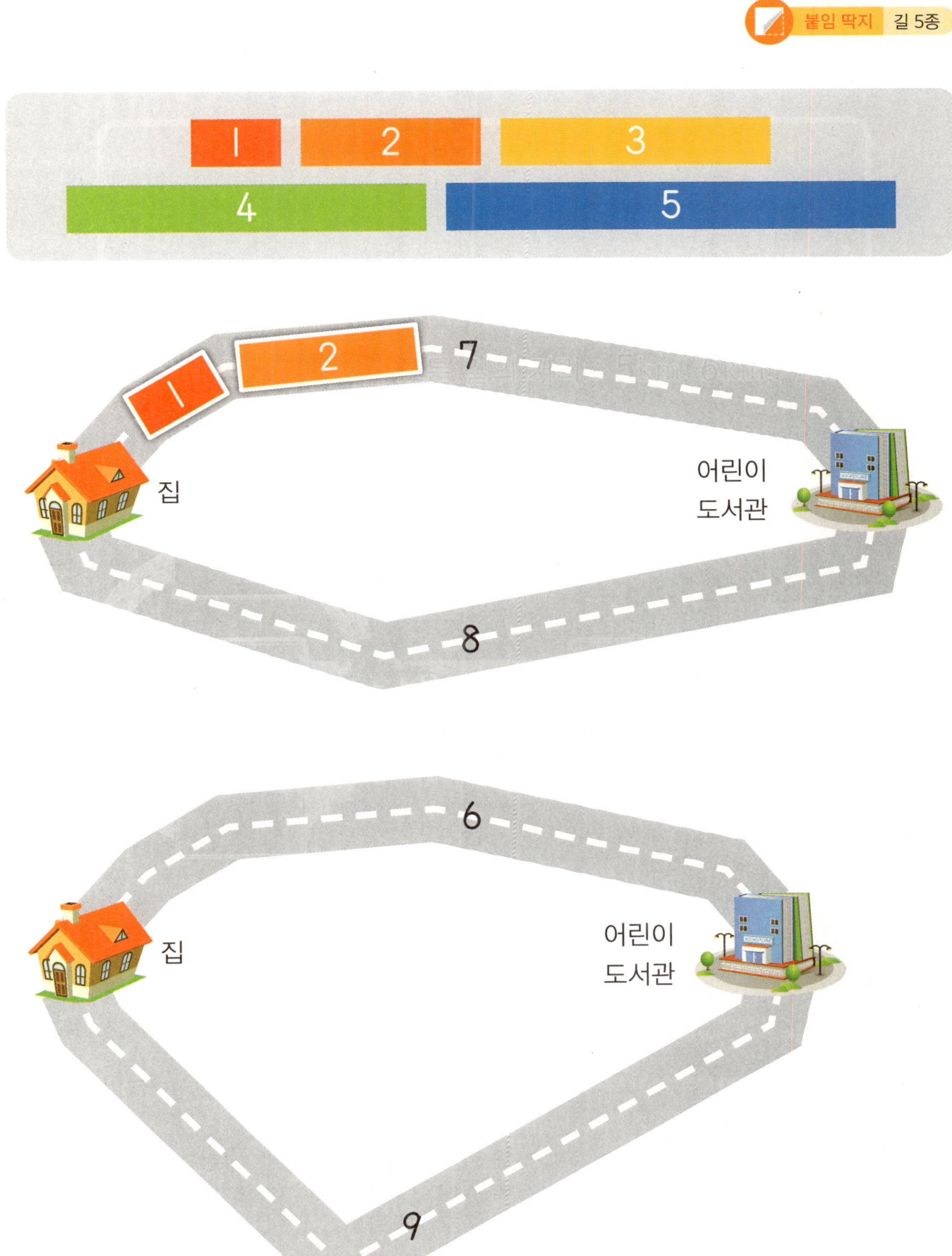

[성산일출봉]

1 준우는 할아버지의 차를 타고 집에서 9km 떨어진 '성산일출봉'으로 향하고 있습니다. 네비게이션을 보니 성산일출봉까지 남은 거리가 3km라고 합니다. 준우와 할아버지는 집에서 몇 km만큼 온 것인지 빈칸에 알맞은 수를 써넣으시오.

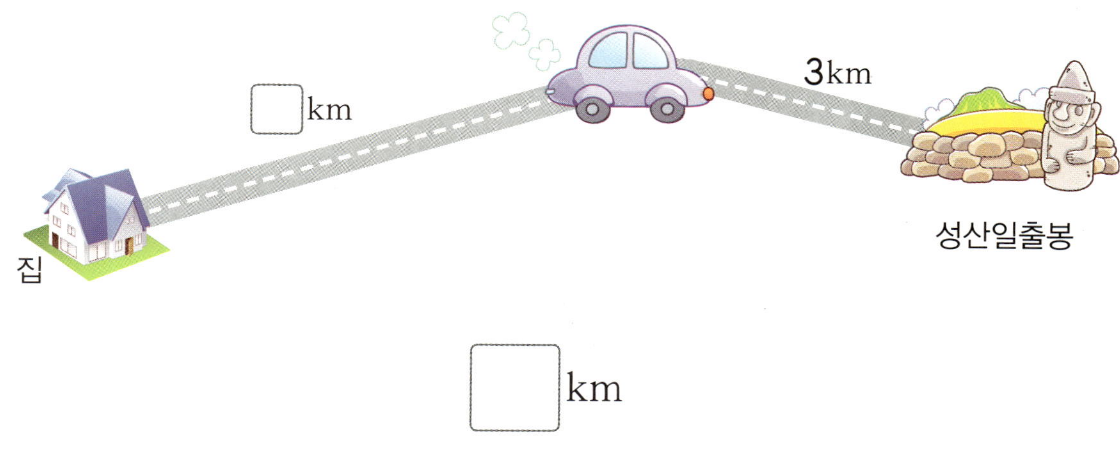

2 집에서 병원까지 가는 길은 3가지입니다. 각 길의 거리를 구하시오.

보라색 길 ☐ km

파란색 길 ☐ km

빨간색 길 ☐ km

[소방서]

3 집에서 소방서까지 가는 길은 초록색, 파란색, 주황색 3가지입니다. 소미는 집에서 소방서까지 가장 짧은 길로 가려고 합니다. 빈칸에 알맞은 말과 수를 써넣으시오.

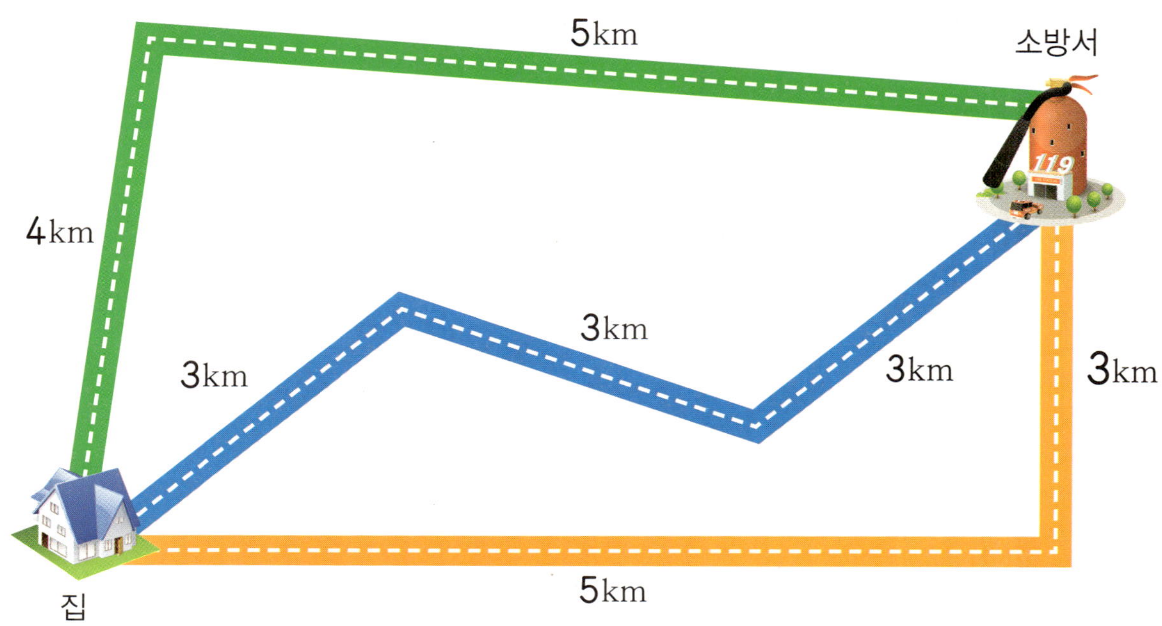

집에서 소방서까지 가장 짧은 길은 ☐색 길이고,

거리는 ☐km입니다.

4 집에서 학교까지 거리가 7인 길을 3개 만들려고 합니다. 거리가 1, 2, 3, 4, 5, 6인 길 붙임 딱지 6장을 사용하여 길을 완성하시오.

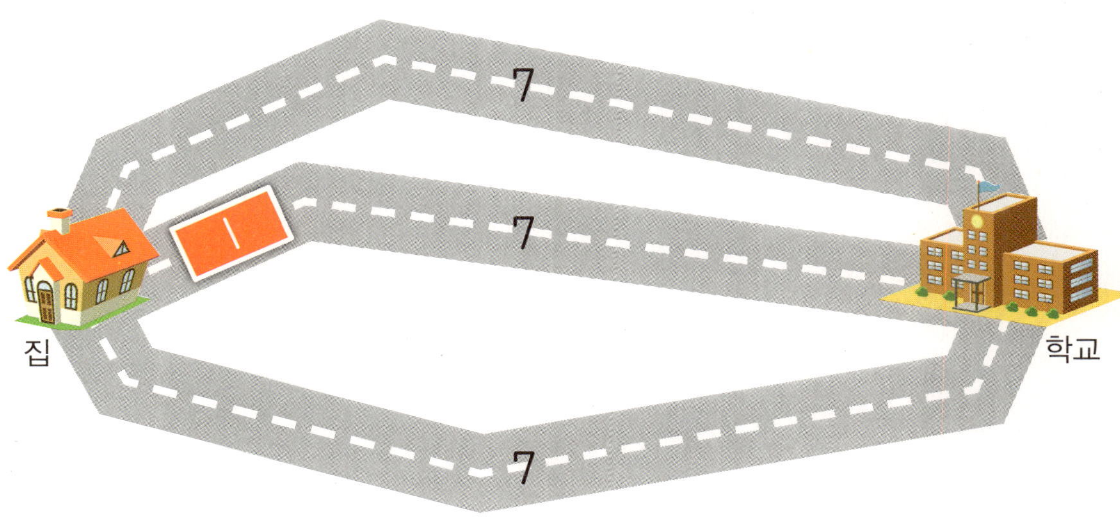

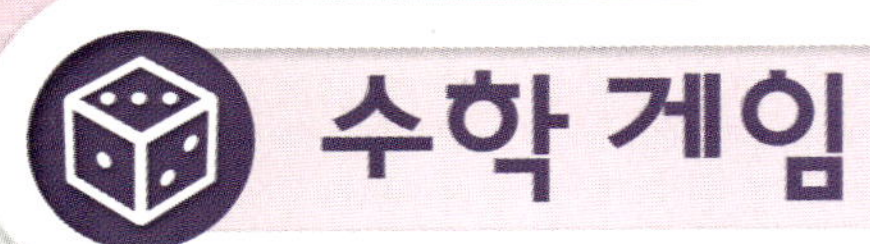

수 퍼즐 놀이

| 부터 9까지의 수를 빈칸에 한 번씩만 넣어 식을 완성해 봅시다.

준비물 숫자 카드

게임 방법

❶ 가로와 세로의 식이 올바른 식이 되도록 빈칸에 숫자 카드를 올려 놓습니다.

$$9 - 2 = 7$$

$$9 - 6 = 3 \qquad 7 + | = 8$$

$$3 + 5 = 8$$

❷ 식이 올바른지 확인합니다.

확인

9 − 2 = 7

9 − 6 = 3

3 + 5 = 8

7 + | = 8

게임판

$$8 - 5 = \boxed{}$$

확인

$$2 \qquad 4$$

$$\boxed{} + \boxed{} = \boxed{}$$

$$2 + \boxed{} = 9$$

확인

$$\boxed{} \qquad 8$$

$$5 - \boxed{} = \boxed{}$$

생각 열기 서귀포시에서 제주시까지!

준우는 가족과 함께 제주도 지도를 보고 있습니다. 길 위의 수는 길을 따라 이동하면서 여행을 하는 데 걸리는 시간입니다.

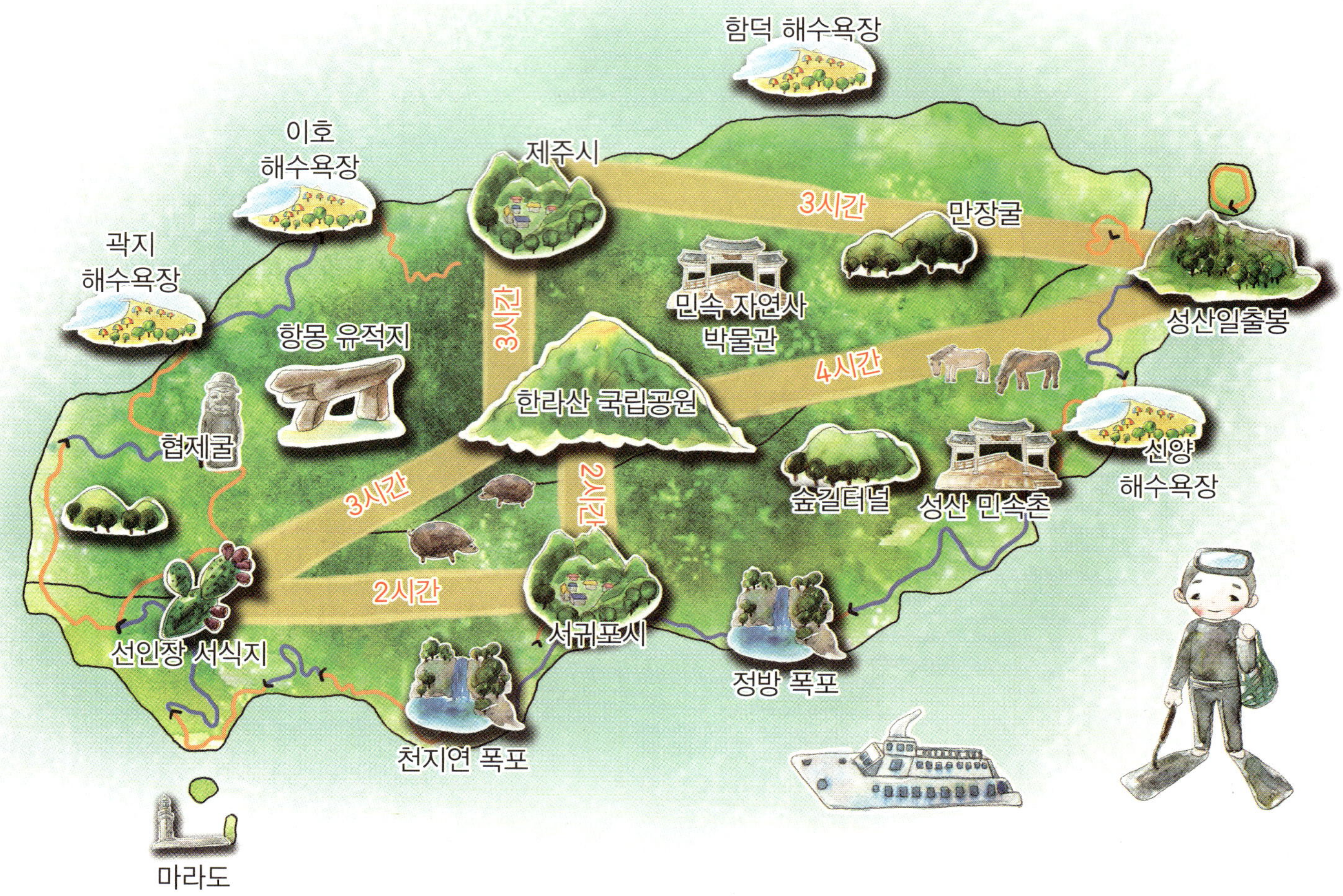

서귀포시에서 출발하여 제주시까지 총 9시간 동안 여행을 할 수 있는 길을
찾아 선으로 나타내어 봅시다.

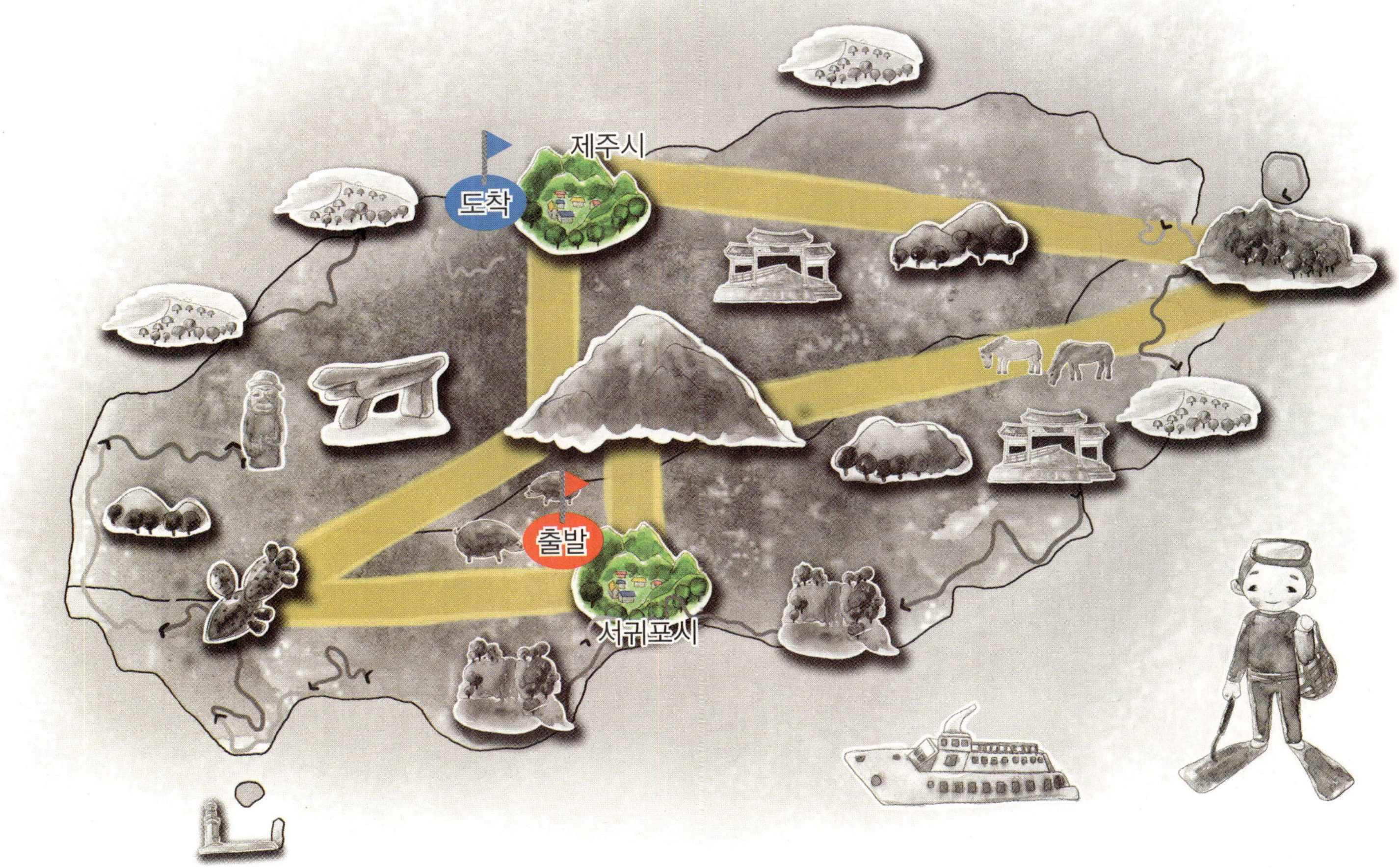

• 집에서 소방서를 들러 도서관까지 가는 길은 **4가지**입니다.

1 집에서 편의점을 지나 도서관까지 가는 길을 모두 찾아 선으로 나타내어 보시오.

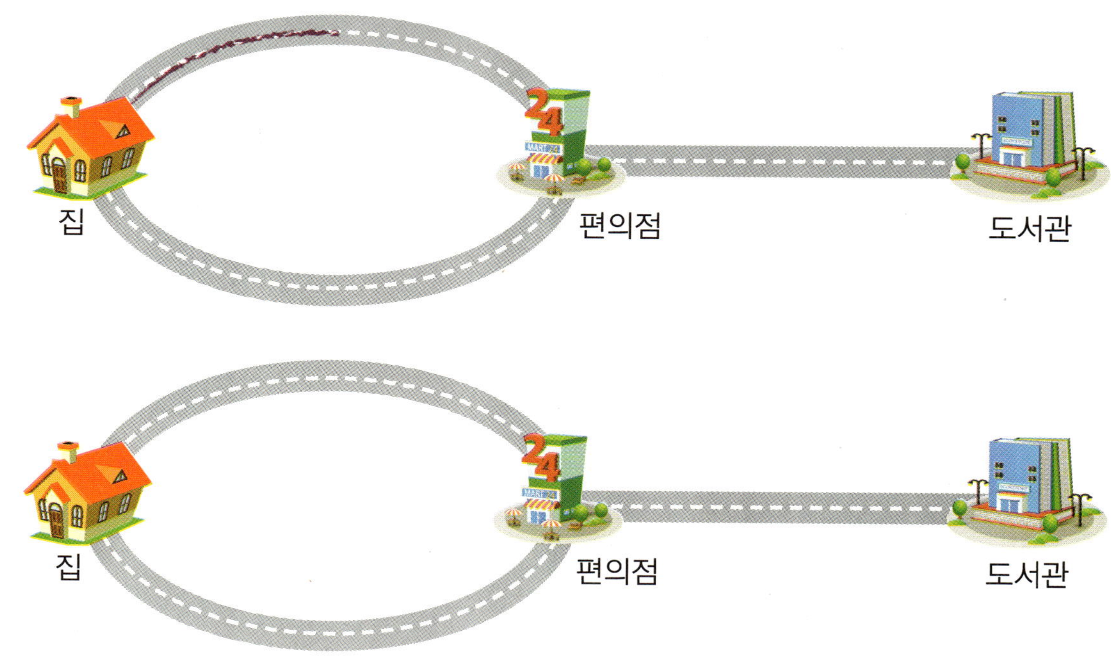

2 집에서 도서관까지 가는 길은 모두 3가지입니다. 3가지 길을 모두 찾아 선으로 나타내어 보시오.

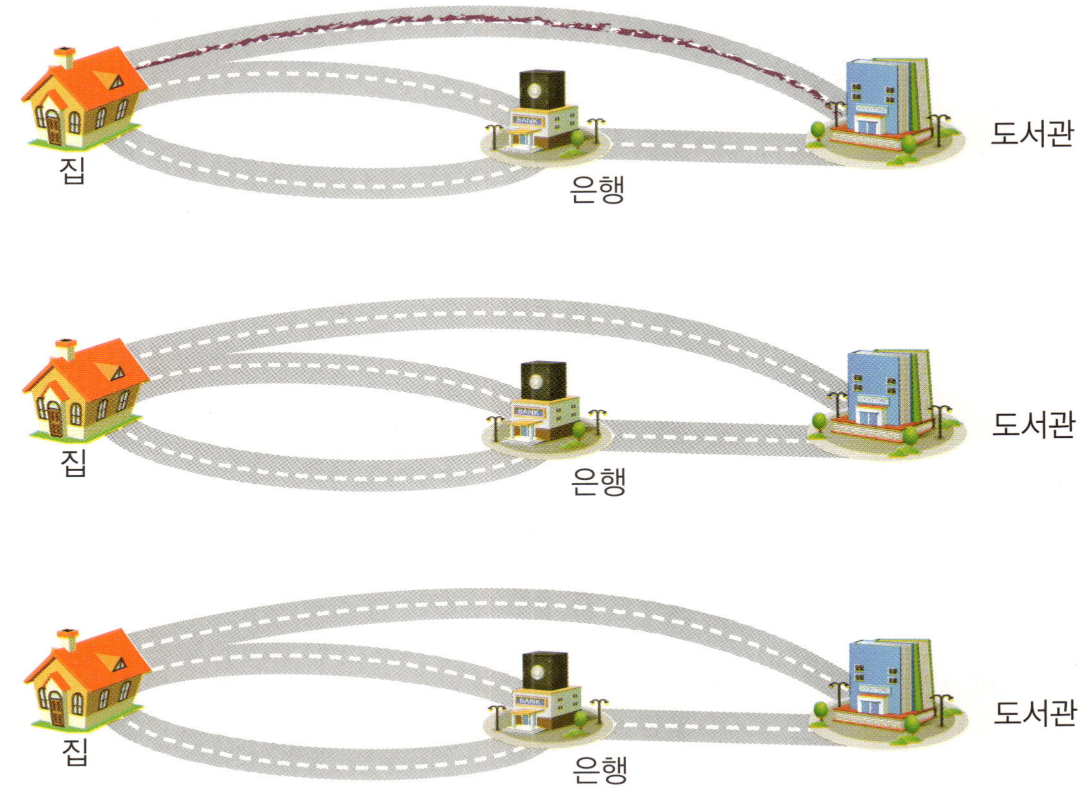

3 집에서 학교까지 가는 길은 모두 몇 가지인지 쓰시오.

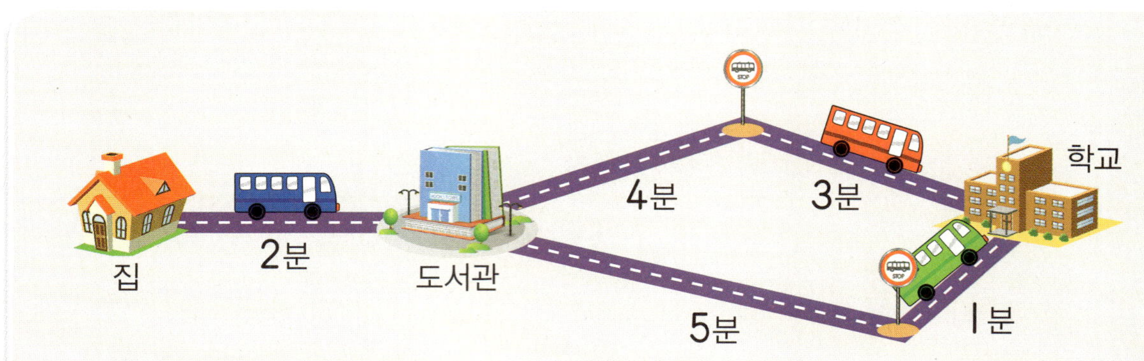

- 집에서 학교까지 가는 길은 2가지입니다.

  파란색 버스 ➡ 빨간색 버스 : $2+4+3=9$(분)

  파란색 버스 ➡ 초록색 버스 : $2+5+1=8$(분)

- 파란색 버스와 초록색 버스를 타는 것이 더 빠릅니다.

1 버스를 타고 도서관에서 학교까지 가는 데 걸리는 시간을 구하시오.

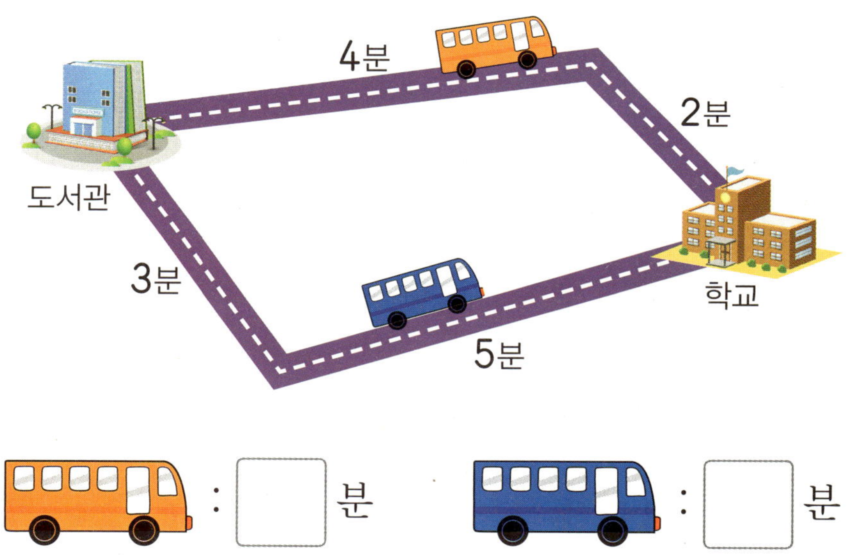

: □ 분　　　: □ 분

2 학교에서 집까지 오는 방법은 2가지가 있습니다. 2가지 중 더 빠른 길로 갈 때 타는 버스를 모두 찾아 ○표 하시오.

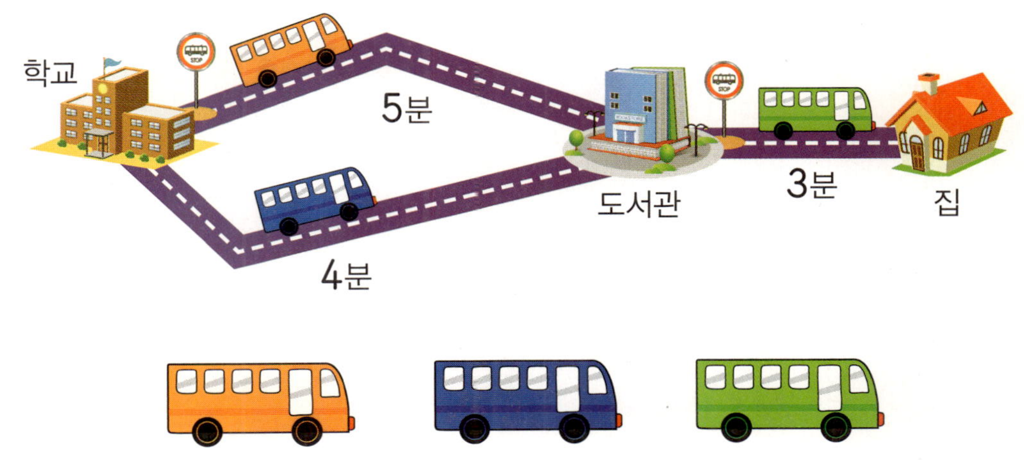

3 집에서 공항까지 가는 가장 빠른 길을 선으로 표시하고, 몇 분이 걸리는지 구하시오.

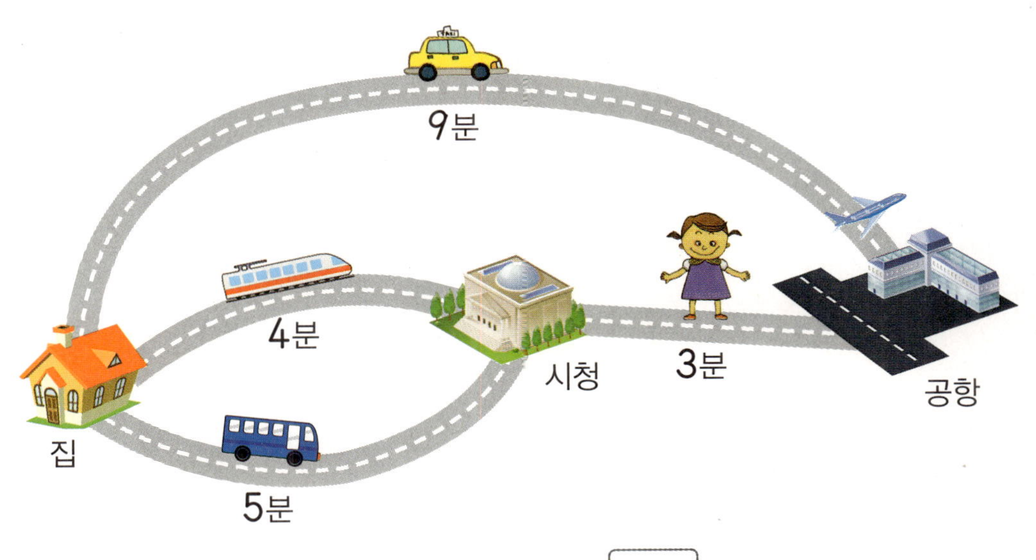

걸리는 시간 : ☐ 분

[과일 가게]

1 집에서 과일 가게까지 가는 길은 모두 몇 가지인지 구하시오.

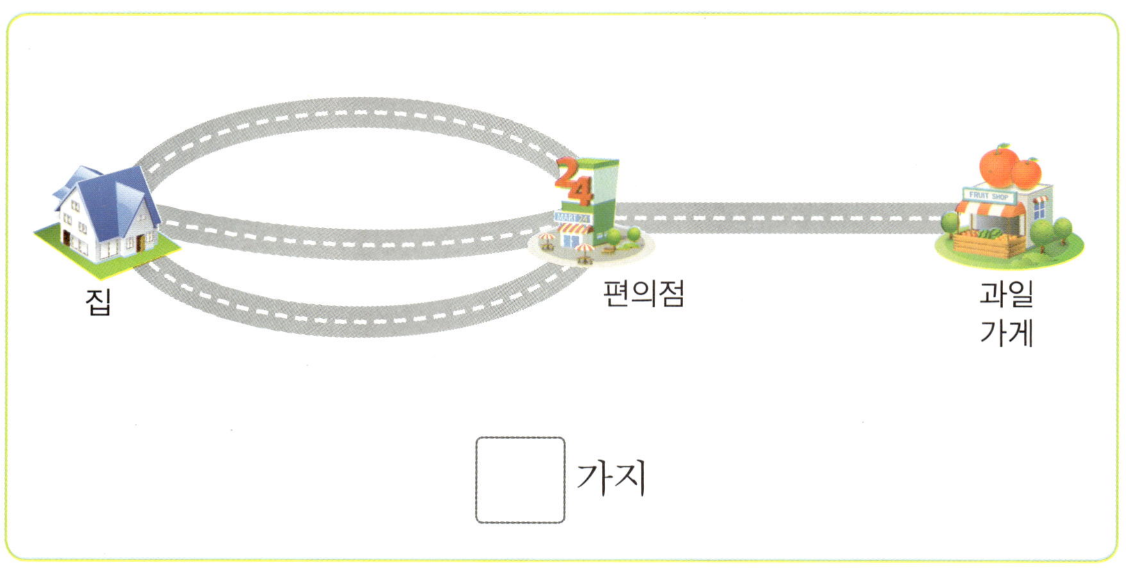

□ 가지

□ 가지

2 집에서 수족관까지 가는 가장 짧은 길을 선으로 표시하고, 그 길의 거리를 구하시오.

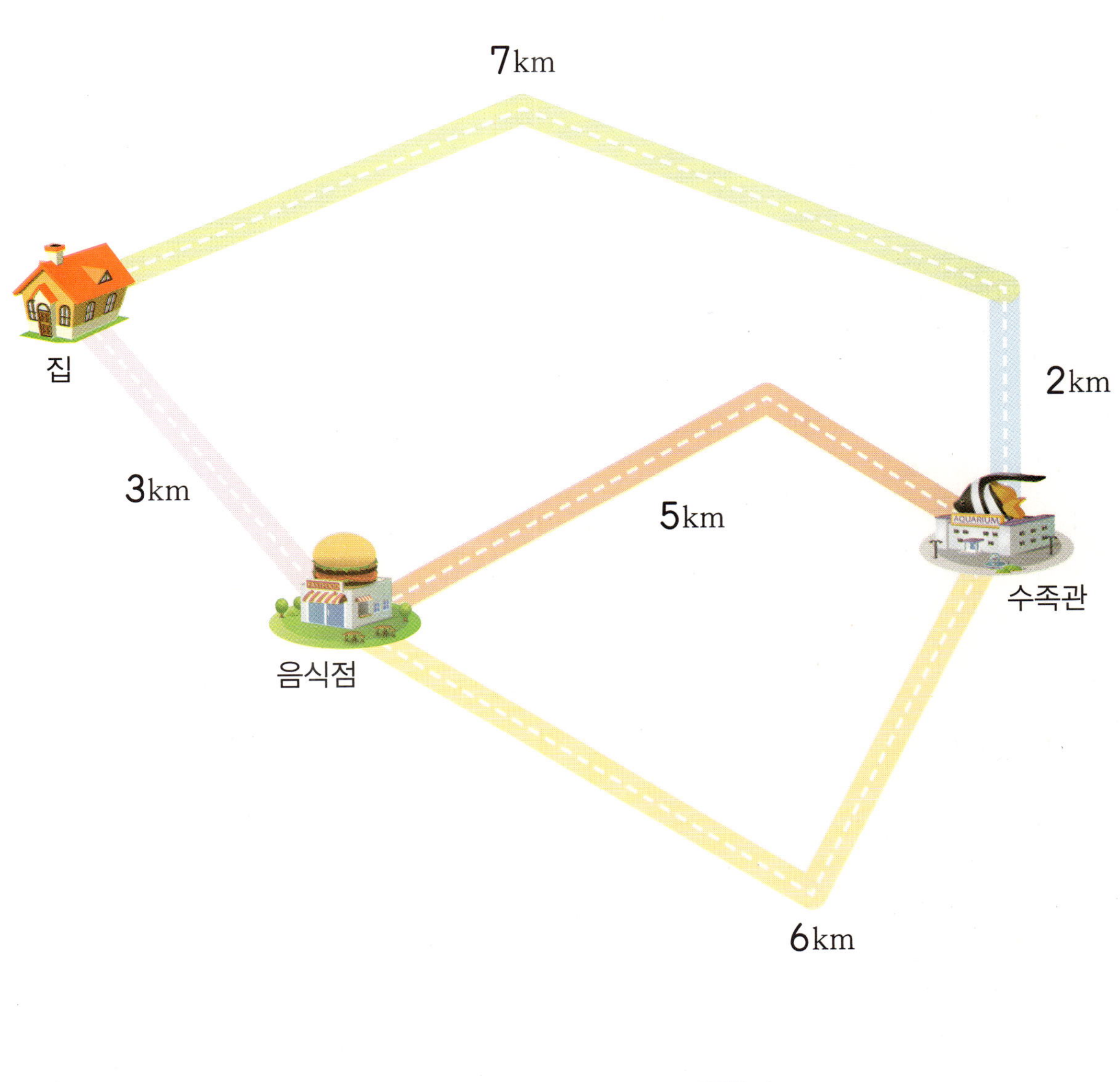

가장 짧은 길의 거리 : ☐ km

[천지연 폭포]

3 집에서 천지연 폭포까지 가는 길은 그림과 같습니다.

❶ 집에서 천지연 폭포까지 가는 길은 모두 몇 가지인지 세어 보시오.

❷ 는 자동차로 그 길을 가는 데 필요한 휘발유의 양을 나타냅니다. 휘발유가 가장 적게 필요한 길을 찾아 선으로 표시하시오.

4 집에서 은행까지 가는 길을 그린 것입니다. 빈 곳에 붙임 딱지를 붙여 길의 총 거리가 5km, 6km, 7km인 길 3가지가 되도록 완성하시오.

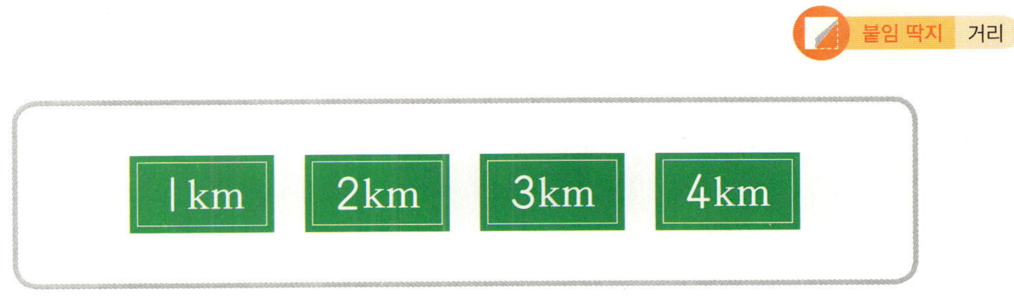

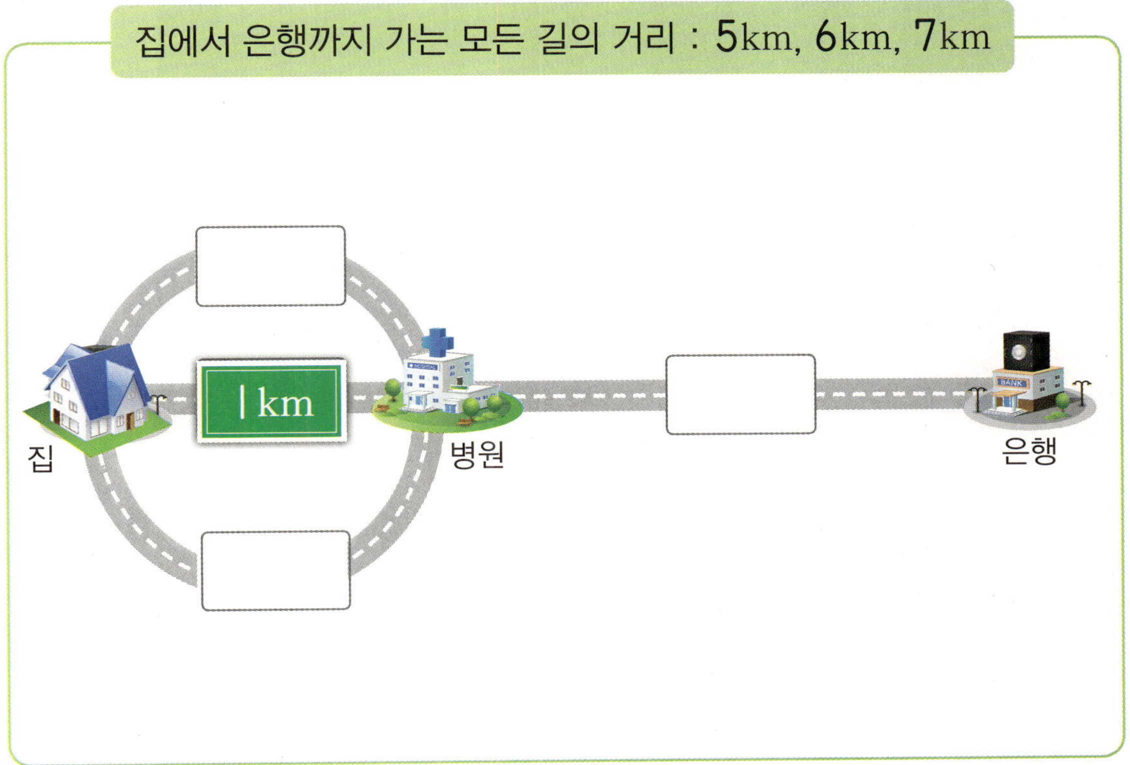

이동 수단의 변화

말이 끄는 마차, 사막 위를 다니는 낙타는 이제 교통의 수단보다 관광의 목적으로 많이 활용되고 있습니다. 이렇게 많은 사람이 오가는 관광지의 전통적인 이동 수단은 다양한 목적으로 사용됩니다.

마차

낙타

A 옛날에는 섬과 육지를 오갈 때 나룻배를 타고 이동하였습니다. 현재는 섬과 육지를 이어주는 다리와 큰 배가 만들어져 나룻배는 사용하지 않게 되었습니다. 그래서 오늘날 나룻배는 관광의 목적으로 사용하고 있습니다.

109쪽에 사용하세요.

1
2
3
1
2
3
4
5
4
5
붙임 딱지　길 6종
113쪽에 사용하세요.
1
2
3
4
5
6
붙임 딱지　거리
125쪽에 사용하세요.
1km
2km
3km
4km
1km
2km
3km
4km

84～85쪽에 사용하세요.

88쪽에 사용하세요.

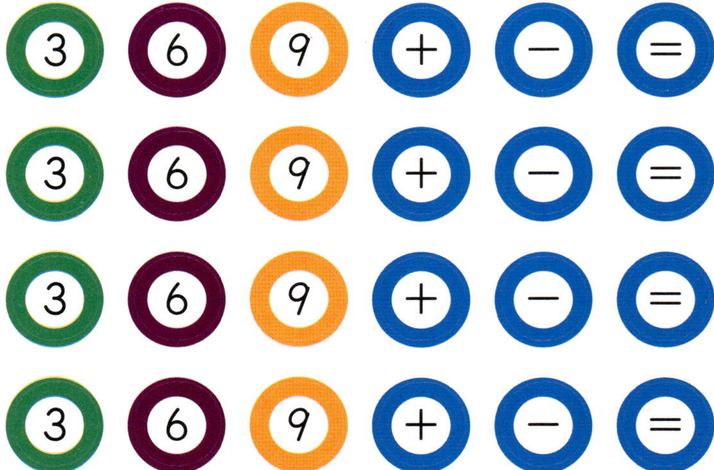

24～25쪽에 사용하세요.

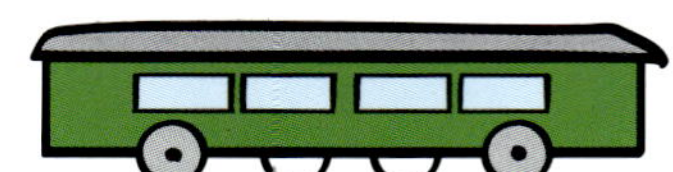

114～115쪽에 사용하세요.

1	2	3	1	2	3
4	5	6	4	5	6
7	8	9	7	8	9

 주사위

17쪽에 사용하세요.

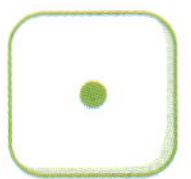 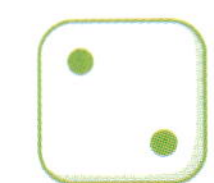    

 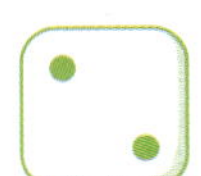    

 순서수

32쪽에 사용하세요.

둘째	셋째	넷째	다섯째
여섯째	일곱째	여덟째	아홉째

 비행기

45쪽에 사용하세요.

 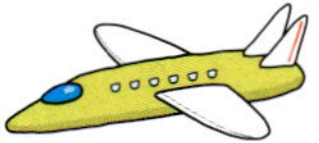 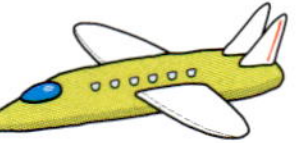 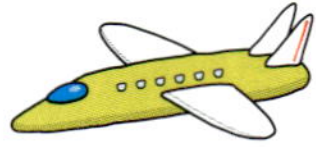 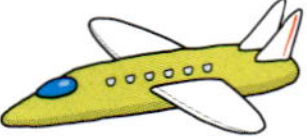

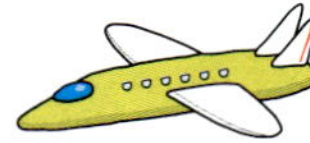 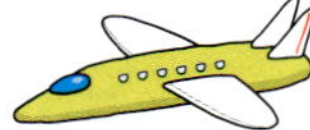  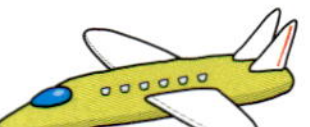 

 로켓

50쪽에 사용하세요.

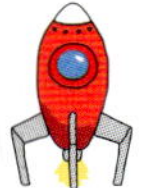 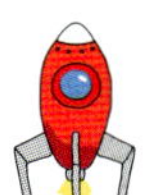 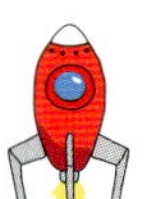 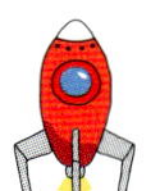 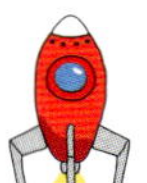 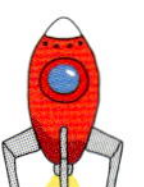 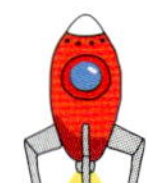 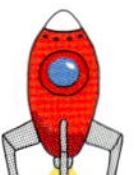 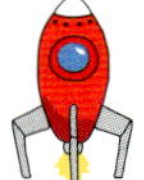 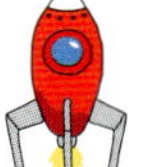

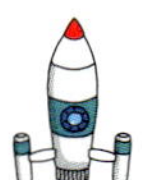 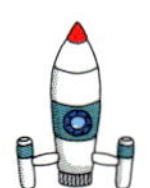 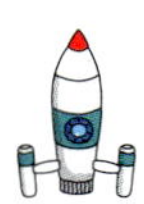 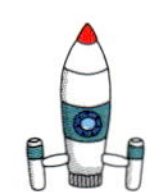 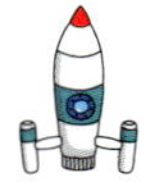   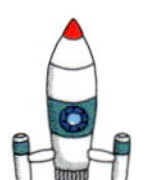 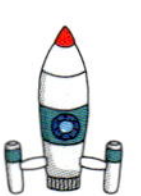 

인생은 채워지는 것

인생은 흘러가는 것이 아니라 채워지는 것이다.

하루하루를 그냥 보내는 것이 아니라

내가 가진 무엇으로 채워가는 것이다.

존 러스킨 (John Ruskin)

내 삶의 주인공은 나입니다. 오늘 하루를 무엇으로 어떻게 채워 나갈지는 바로 나에게 달려 있으니까요.

매 순간을 작지만 소중한 무언가로 알차게 채워갈 수 있도록 노력하다 보면,

어느 새 삶은 행복과 만족으로 가득 찰 것입니다.

창의력 수학
노크
B 단계

학부모 가이드

교통으로
배우는 수학

천재교육

학부모
가이드

우리 아이의
수학적 잠재력을 깨워주는 창의력 수학

노크

B1

I 대중교통

수를 이용하여 하나, 둘 세는 것뿐만 아니라 첫째, 둘째 등 순서를 나타낼 수도 있습니다. 이 단원에서는 수직선을 이용하여 9까지의 수의 순서를 익히고, 하나 더 많고, 적음을 알아봅니다, 또한 9까지의 수를 순서에 맞게 나타내어 봅니다.

1 수직선을 이용하여 9까지의 수의 순서를 익힐 수 있게 합니다.

2 하나 더 많은 것과 하나 더 적은 것을 이해하고, 1 큰 수와 1 작은 수를 말할 수 있게 합니다.

3 9까지의 수의 순서를 알고, 9까지의 수를 순서에 맞게 나타낼 수 있게 합니다.

4 순서수를 사용하여 위치를 여러 가지 방법으로 나타낼 수 있게 합니다.

우리나라의 고속열차인 KTX가 생기고 난 후 어떤 점이 달라졌는지 알아보고, 기차표에 담긴 정보를 보고 좌석을 찾아보는 이야기입니다. 기차표, 비행기표를 보고 자리를 찾는 방법에 대해 이야기해 봅니다.

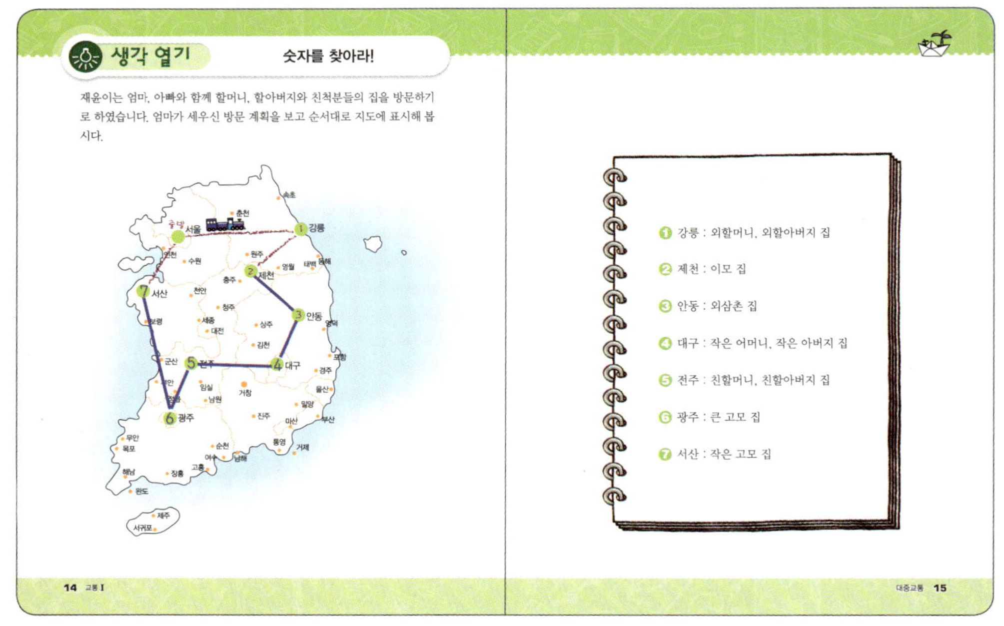

14 · 15

수의 순서에 맞게 지도에 방문 계획을 표시합니다. 지도를 보며 친척들이 살고 있는 집의 위치를 알아보고, 나만의 방문 계획을 세워 표시해 보는 활동도 해 봅니다.

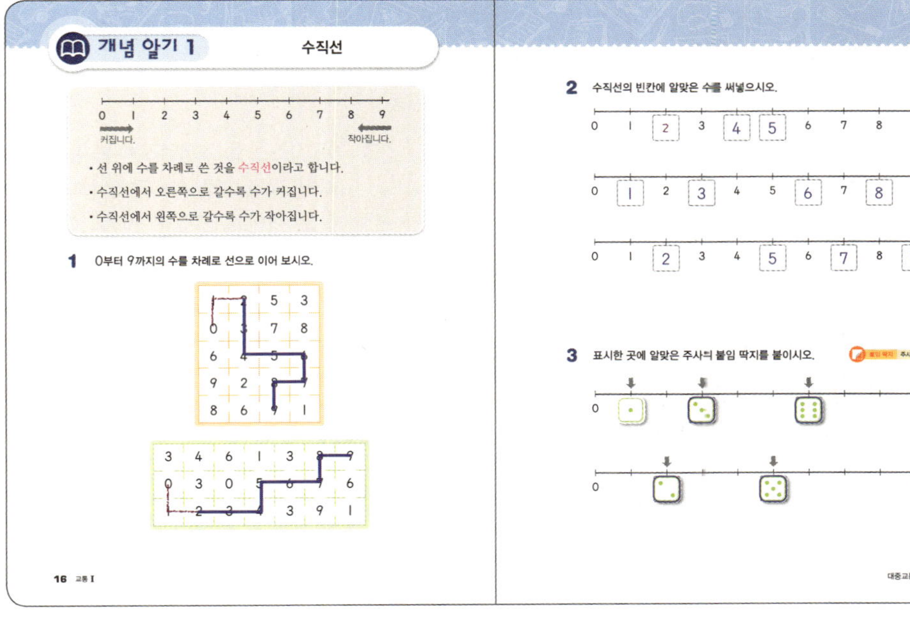

16 · 17

수의 순서를 익히고, 수직선에 수를 순서대로 써 봅니다.

1 수의 순서에 따라 선으로 이어 봅니다. 0부터 9까지 순서대로 이어 본 후 9부터 거꾸로 읽어 보아도 좋습니다.

2 수직선의 빈칸에 수를 써넣으며 수의 순서를 익힙니다. 빈 수직선에 수를 쓰는 연습을 해 보아도 좋습니다.

3 주사위의 눈이 나타내는 수를 수직선의 빈칸에 붙입니다.

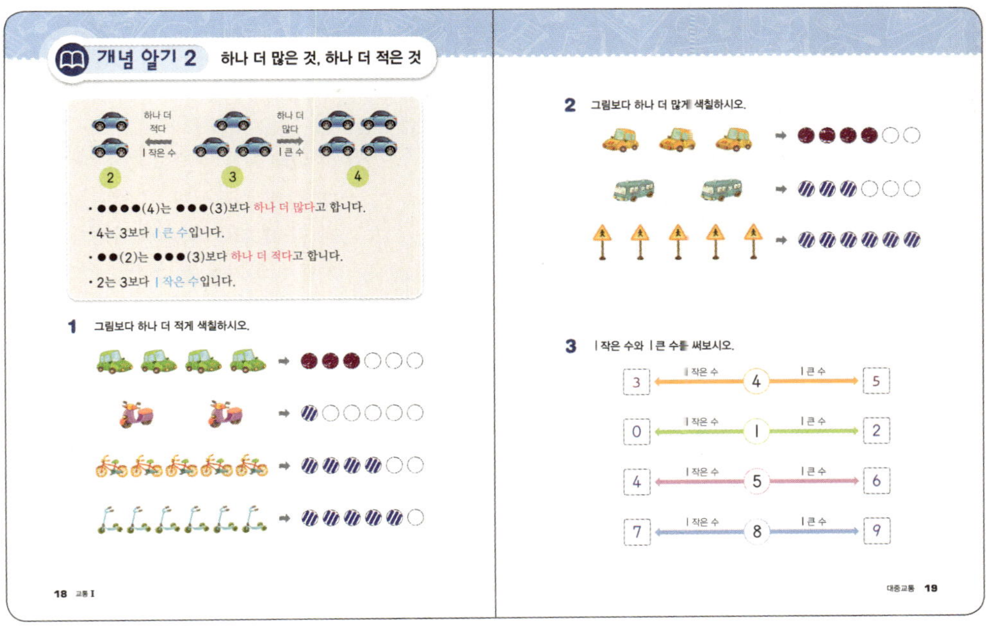

18 · 19

구체물을 통해 하나 더 많은 것과 하나 더 적은 것의 의미를 알고, 수의 순서를 알아봅니다.

1 구체물의 수를 세어 보고, 하나 더 적게 색칠합니다.

2 구체물의 수를 세어 보고, 하나 더 많게 색칠합니다.

3 하나 더 많은 것이 1 큰 수, 하나 더 적은 것이 1 작은 수임을 알고, 문제를 해결할 수 있게 지도합니다.

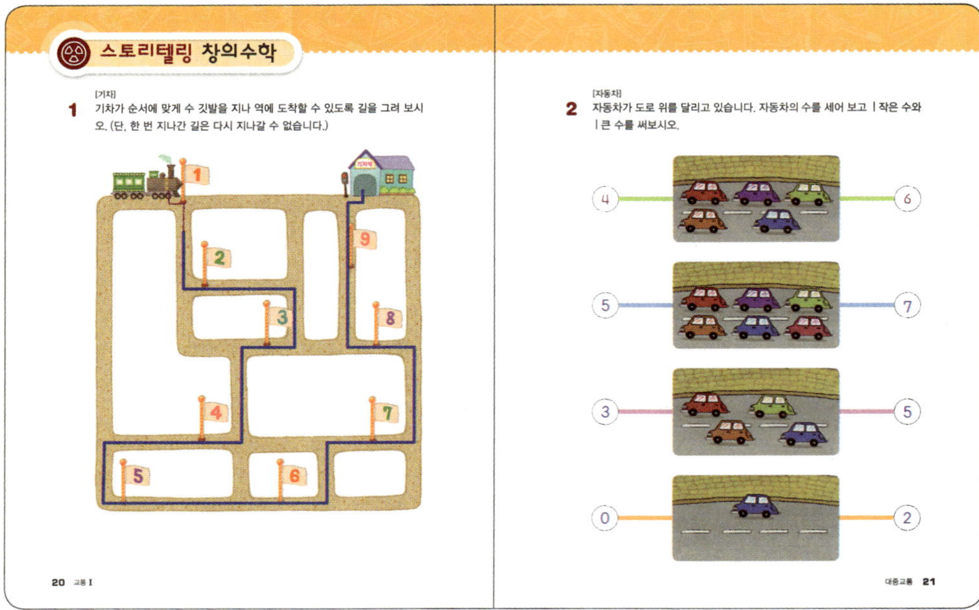

1 아이 스스로 9까지의 수를 순서대로 찾아 길을 그릴 수 있게 합니다. 깃발을 지나지 않으면 안됩니다. 모든 깃발을 순서대로 지나는 길을 완성할 수 있게 도와줍니다.

2 구체물의 수를 세어 숫자로 나타낸 다음, 1 작은 수와 1 큰 수를 쓸 수 있게 합니다. 빈칸을 채운 후, 수의 순서를 확인해 볼 수도 있습니다.

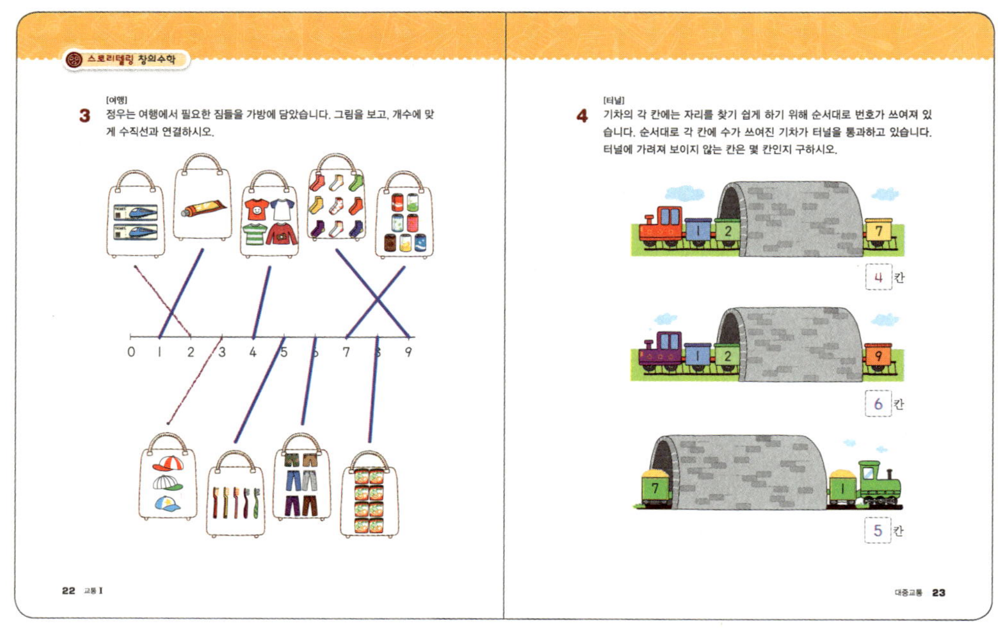

3 가방에 담긴 물건의 수를 세어 순서에 맞게 수직선과 연결합니다. 여행을 갈 때 어떤 짐들을 가져가면 좋을지도 이야기해 볼 수 있습니다.

4 9까지의 수를 순서대로 또는 거꾸로 써 봅니다. 가려진 부분에 쓰여진 수를 세어 문제를 해결합니다. 특정한 수를 기준으로 차례대로 또는 거꾸로 써 보는 것은 중요한 수 세기의 연습이 됩니다.

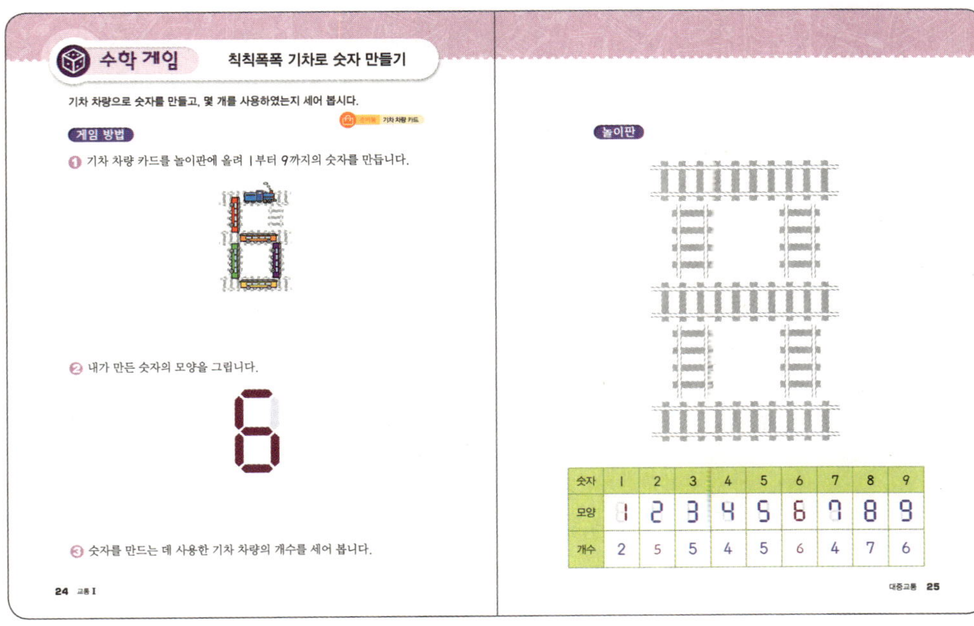

24 · 25

기차 차량으로 숫자의 모양을 만들면서 디지털 숫자의 모양을 익힐 수 있게 합니다. 숫자의 기본적인 모양은 같지만 사용하는 곳에 따라 조금씩 다르게 나타낼 수 있음을 알게 합니다.

26 · 27

공공안내 그림표지의 위치를 어떻게 나타내면 좋을지 생각해 보는 활동입니다. 기준에 따라 수의 순서를 다양하게 말할 수 있다는 점을 알려주고, 다양하게 표현해 볼 수 있도록 지도합니다.

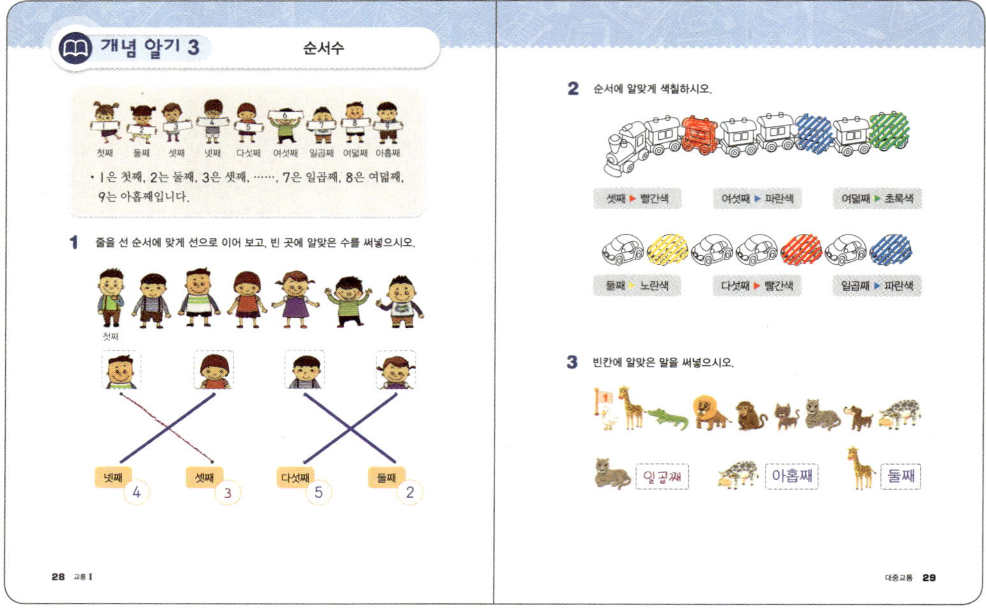

9까지의 수의 순서와 읽는 방법을 알아봅니다. 수의 순서로 크기 비교를 하지 않도록 주의합니다.

1 줄을 선 순서를 보고, 1, 2, 3, 4, 5, 6, 7, 8, 9는 순서대로 첫째, 둘째, 셋째, 넷째, 다섯째, 여섯째, 일곱째, 여덟째, 아홉째로 읽는다는 것을 알려 줍니다.

2 1부터 차례대로 수를 쓴 다음, 순서에 맞게 색칠하게 합니다.

3 1부터 차례대로 수를 쓰게 한 후 순서에 맞게 순서수를 쓰도록 합니다.

기준에 따라 순서를 나타내어 봅니다.

1 기준과 순서수를 확인하고 알맞은 것을 찾을 수 있게 합니다.

2 사람들의 위치를 기준에 따라 나타내어 봅니다. 한 사람의 위치를 왼쪽과 오른쪽, 두 가지 기준으로 순서를 나타내어 볼 수 있습니다.

3 장난감의 위치를 왼쪽 또는 오른쪽 두 가지 기준으로 순서를 나타내어 볼 수 있습니다.

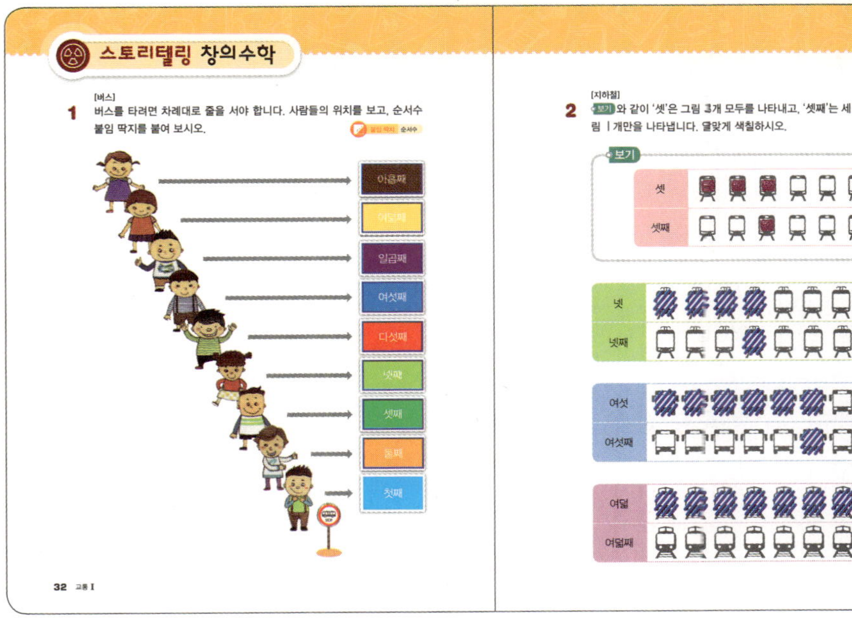

32 · 33

1 1부터 9까지의 순서수를 익힐 수 있게 합니다. 생활 속에서 순서가 필요했던 경험이나 순서가 없을 때 어떤 일이 일어날지 등을 이야기해 보는 것도 좋습니다.

2 보기와 같이 '셋'은 집합수로 그림 3개 모두를 나타내고 '셋째'는 순서수로 세 번째 그림만을 나타냅니다. 구체적인 예와 연습을 통해 아이가 두 개념을 혼동하지 않게 합니다.

34 · 35

3 가족들의 위치를 보고 2가지 기준에 따라 다르게 나타내어 봅니다. 효미의 경우 어떤 기준으로 나타낸 것인지 잘 찾아볼 수 있도록 합니다.

4 문장을 읽고 주어진 카드의 위치에 맞게 왼쪽, 오른쪽에 ○를 그려서 모두 몇 장의 카드가 놓여져 있는지 찾습니다. 왼쪽에서 셋째라고 할 경우 주어진 카드의 왼쪽에 ○를 2개, 오른쪽에서 둘째라고 할 경우 카드의 오른쪽에 ○를 1개 그립니다.

II 하늘의 교통 경찰

하나의 수를 다른 두 수로 가르고, 두 수를 하나의 수로 모으는 활동은 수 개념을 확립하는 데 중요한 역할을 합니다. 또한 가르기 모으기는 덧셈과 뺄셈 상황과 연결됩니다. 충분한 가르기 모으기 활동으로 덧셈과 뺄셈의 기초를 세울 수 있도록 단원을 구성하였습니다.

1 9 이하의 주어진 수를 두 수로 가를 수 있게 합니다.
2 합이 9 이하가 되는 두 수를 하나의 수로 모을 수 있게 합니다.
3 수 피라미드 규칙에 따라 두 수로 가르고, 두 수를 모을 수 있게 합니다.
4 사다리 타기 규칙에 따라 수를 모을 수 있게 합니다.

공항의 모습과 공항에서 일하는 항공 교통 관제사, 항공기 유도사가 하는 일을 알려주는 이야기입니다. 공항에 갔던 경험이나 공항의 모습을 이야기해 봅니다.

44 · 45

왼쪽 그림에서 비행기와 수는 어떤 관계가 있는지 알아보고, 그 규칙에 따라 오른쪽 그림의 빈 곳을 채웁니다. 가로줄과 세로줄에 써있는 수는 가로줄과 세로줄에 있는 비행기 수의 합을 나타냅니다.

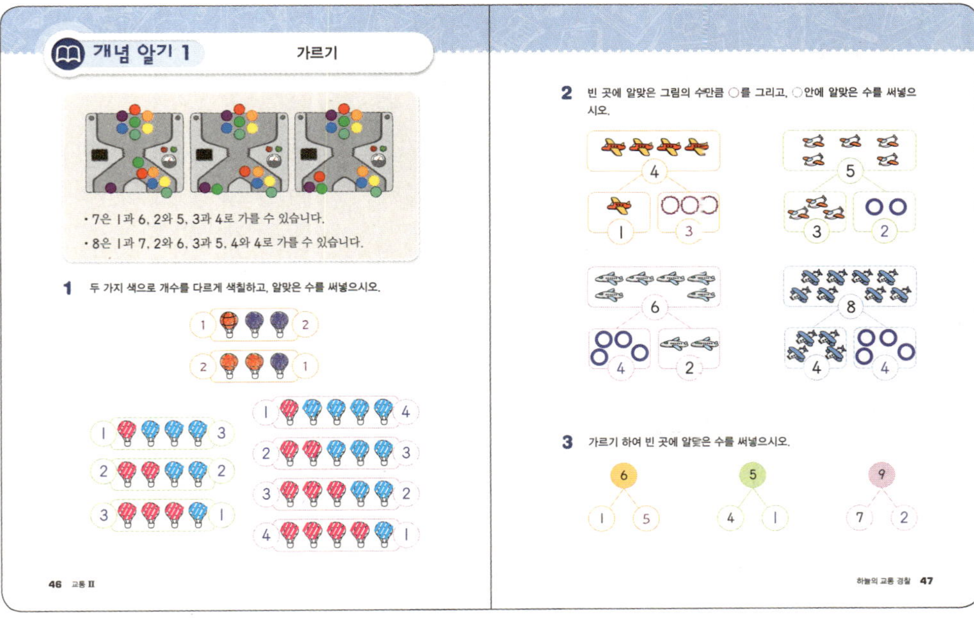

46 · 47

9까지의 수를 두 수로 가릅니다.

1 하나의 수를 두 수로 가르는 방법이 여러 가지임을 알게 합니다.

2 그림을 두 곳으로 가른다고 생각합니다. 그림을 보고 어려워한다면 구체물을 직접 가르는 활동을 해도 좋습니다.

3 구체물이 아닌 수를 보고 가르기를 하여 봅니다. 수를 가르기하는 것을 어려워하는 경우, 수에 맞게 ○를 그려 가르기를 해보는 것도 좋습니다.

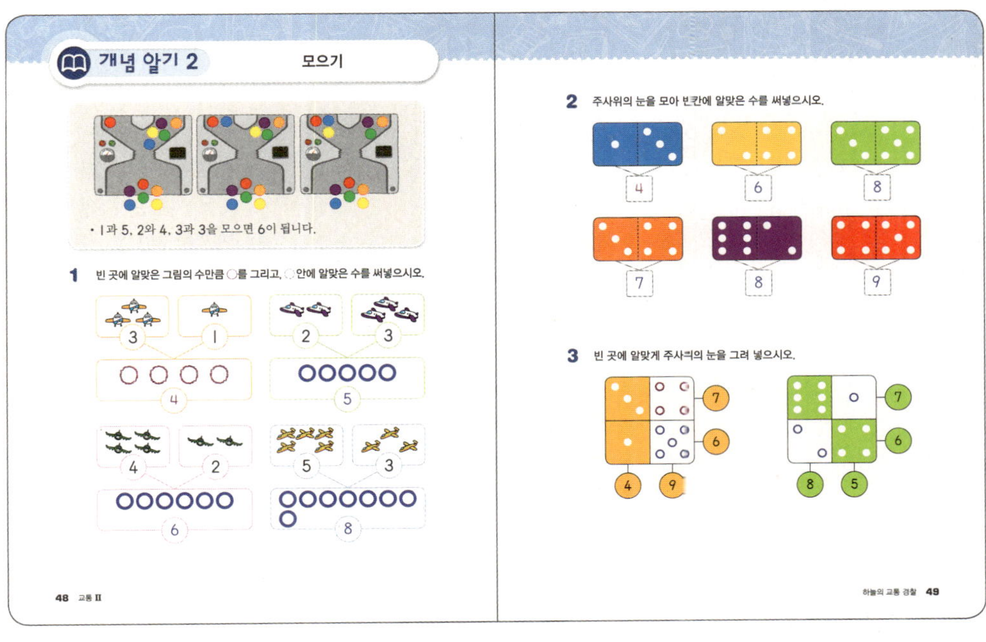

48 · 49

그림을 보고 합이 9 이하가 되는 두 수를 모읍니다.

1 양쪽 그림을 모아 ○로 대신하여 그리고, ○의 수를 세어 빈칸을 채웁니다. 그림 대신 바둑돌, 공깃돌, 큐브로 대신하여 활동해도 좋습니다.

2 주사위의 양쪽 눈의 개수를 모아 빈칸을 채웁니다. 아이가 어려워 하는 경우 개수를 세어가며 모으기를 하여도 좋습니다.

3 ○안에는 이웃한 두 주사위의 눈의 수를 모은 수를 적습니다. 모으기 한 수를 보고 빈 곳에 들어갈 주사위의 눈의 수를 알아봅니다.

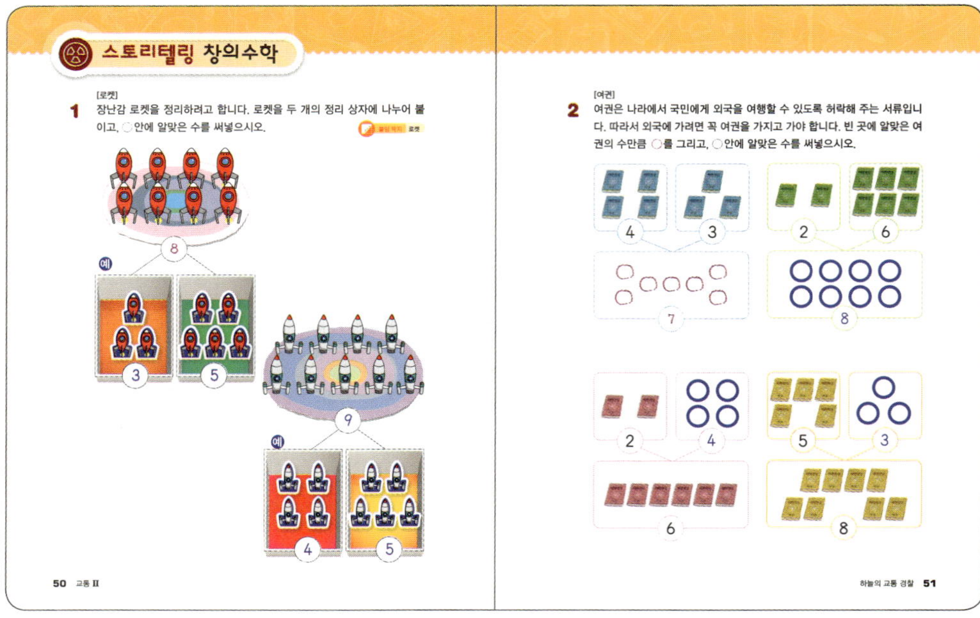

50 · 51

1 로켓의 수를 세어 가르기를 합니다. 가르기의 의미상 0과 어떤 수로 가르는 경우는 제외합니다.

2 여권의 수를 모아 보고, 반대로 어떤 두 수를 모아야 주어진 수가 되는지 찾아봅니다. 이때 모으기를 거꾸로 생각하면 가르기가 된다는 것을 알고, 문제를 해결할 수 있도록 지도합니다.

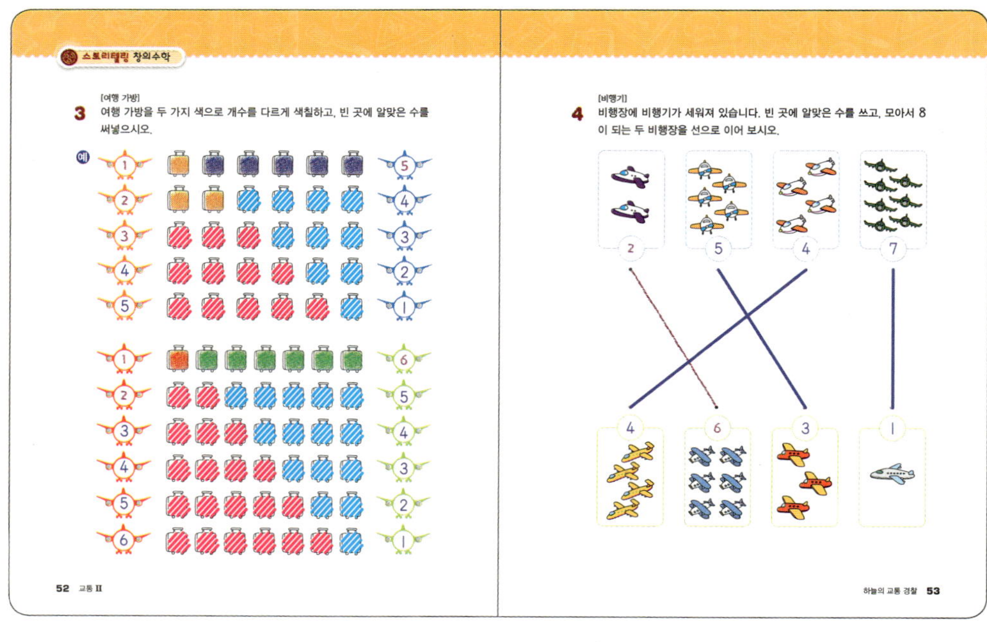

52 · 53

3 6과 7을 여러 가지 방법으로 가르는 활동입니다. 6을 가르는 방법은 모두 5가지, 7을 가르는 방법은 모두 6가지입니다.

4 모아서 8이 되는 두 수를 찾는 문제입니다. 8을 두 수로 가르고, 그 두 수를 찾아 연결해도 좋습니다.

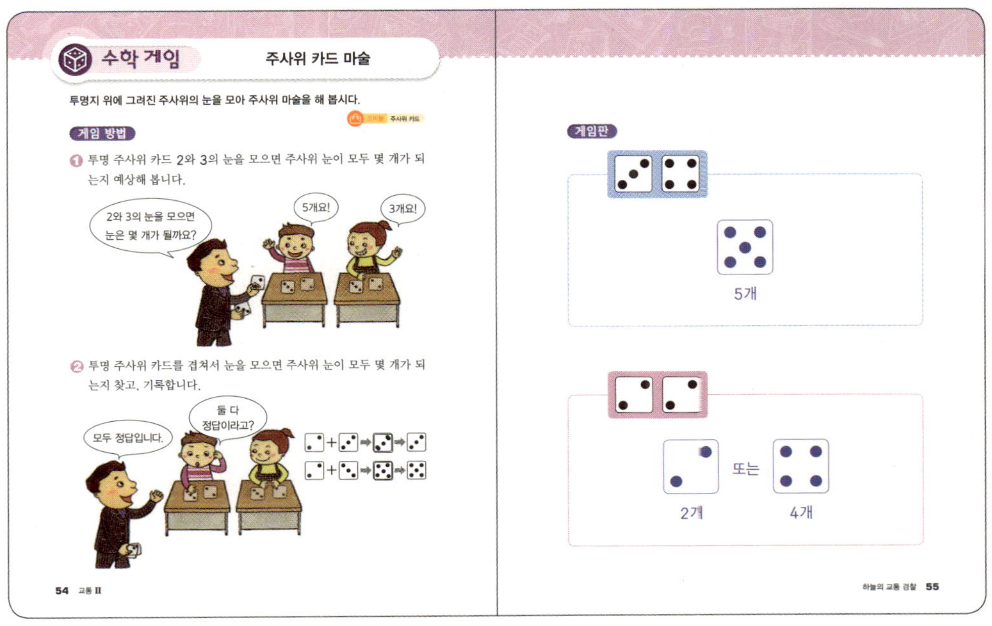

54 · 55

투명 주사위 카드를 겹쳤을 때 주사위 눈이 몇 개가 되는지 알아봅니다. 투명 카드를 이용하므로 겹쳤을 때 나오는 눈이 항상 두 눈을 모은 개수가 되지는 않는다는 것에 주의합니다. 또 카드의 방향을 돌려서 겹치면 눈의 개수가 달라지기도 한다는 것을 관찰하게 합니다.

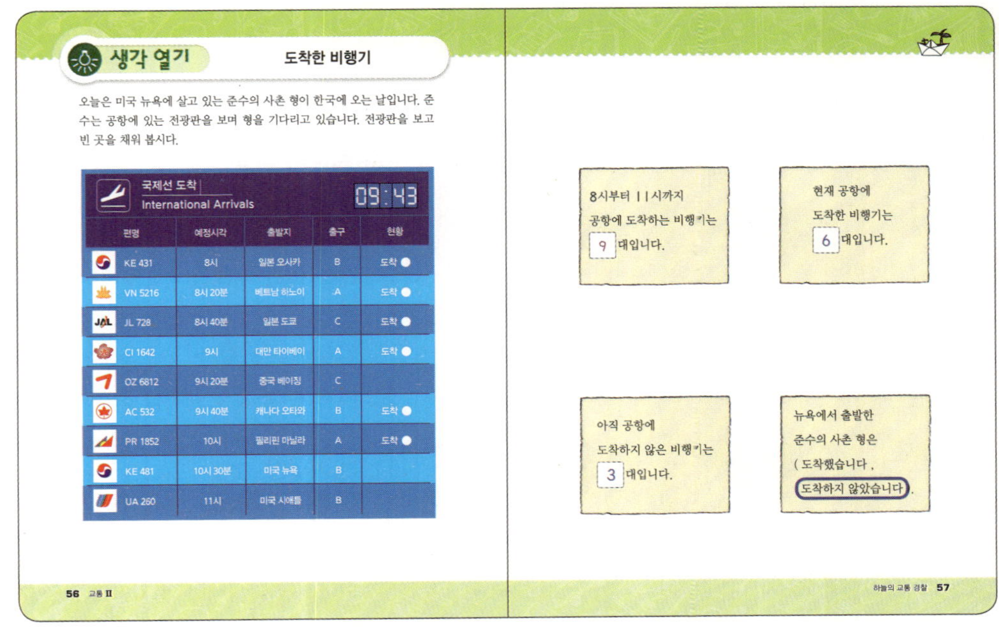

56 · 57

전광판을 보고 8시부터 11시까지 공항에 도착하는 비행기의 수를 세어 보고, 공항에 도착한 비행기와 도착하지 않은 비행기의 수로 가르기를 해 봅니다. 익숙한 상황에서 가르기와 모으기의 필요성을 알 수 있도록 지도합니다.

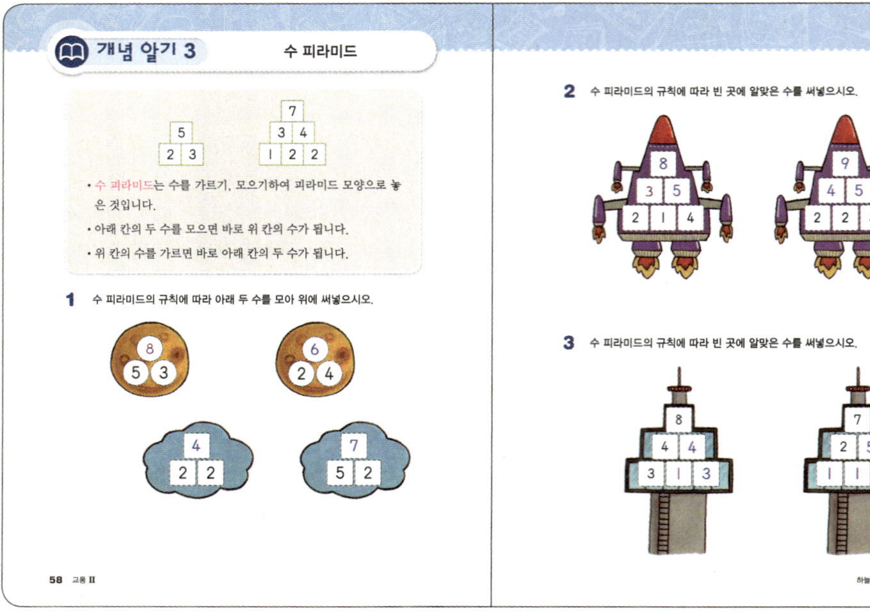

수 피라미드의 규칙에 따라 가르기와 모으기를 합니다.

1 아래 칸의 두 수를 모으면 바로 위 칸의 수가 되는 수 피라미드의 규칙을 이해한 후 문제를 해결합니다.

2 아래 세 수가 모두 쓰여 있으므로 모으기 규칙을 이용하여 수 피라미드의 빈칸을 채울 수 있습니다.

3 수 피라미드의 가르기와 모으기 규칙을 이용하여 빈칸을 채울 수 있도록 지도합니다.

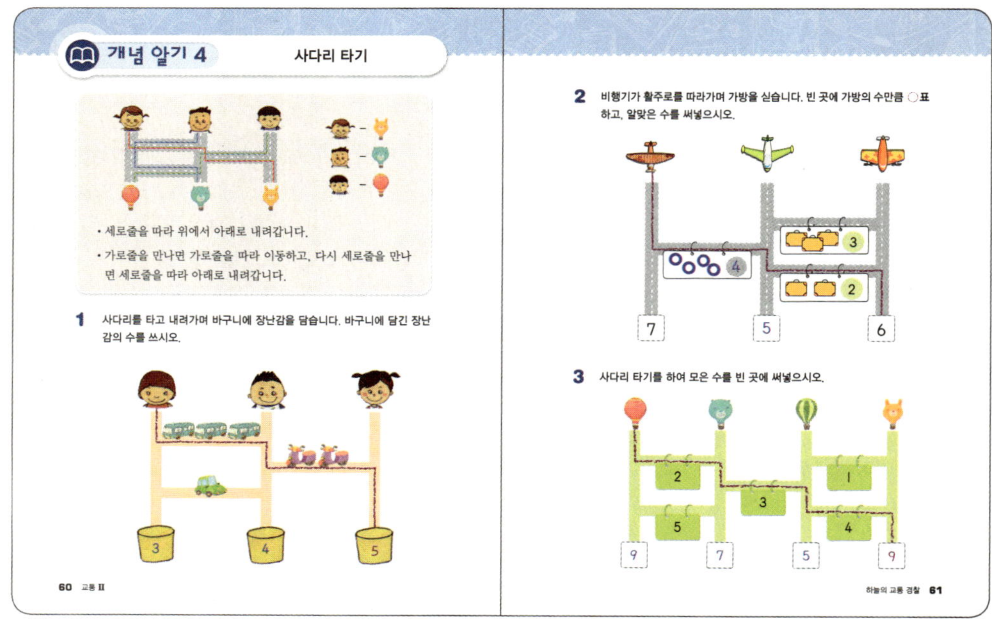

사다리 타기의 규칙에 따라 물건을 모아 봅니다.

1 사다리 타기의 규칙을 이해하고 사다리를 따라 내려갑니다. 가면서 만나게 되는 장난감들을 모두 모은 수를 빈칸에 써넣습니다.

2 먼저 첫 번째 비행기를 따라가 어떤 수와 모으면 6이 되는지 생각해 봅니다. 반대로 6은 2와 어떤 수로 가를 수 있는지 생각해 볼 수 있습니다.

3 사다리를 따라가며 모으기 한 수를 빈칸에 써넣습니다. 열기구에서 출발하여 도착하는 곳이 각기 다 다른 곳이어야 합니다. 같은 곳에 도착하는 경우 다시 시작합니다.

스토리텔링 창의수학

1 [9 모으기]
숫자가 쓰인 종이 비행기가 날아다니고 있습니다. 모아서 9가 되는 두 수를 선으로 이어 보시오.

예

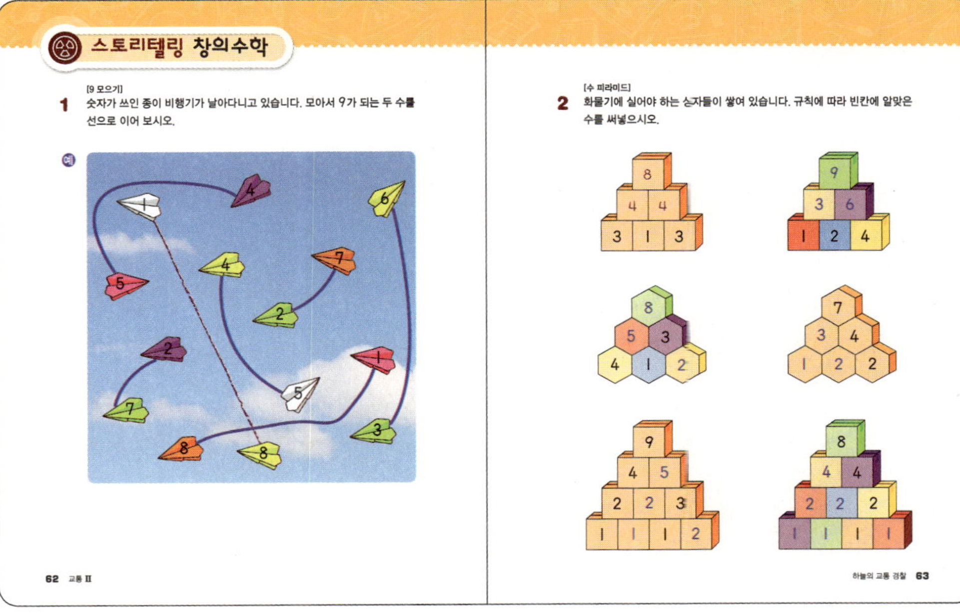

2 [수 피라미드]
화물기에 실어야 하는 상자들이 쌓여 있습니다. 규칙에 따라 빈칸에 알맞은 수를 써넣으시오.

62 · 63

1 모아서 9가 되는 두 수를 찾거나 9를 두 수로 가르는 방법을 생각해 봅니다.

2 맨 위에 수가 있는 경우에는 위 칸에서 아래 칸으로 가르기를, 맨 위에 수가 없는 경우에는 아래 칸에서 위 칸으로 모으기를 하여 빈칸을 채울 수 있도록 지도합니다.

스토리텔링 창의수학

3 [사다리 타기]
경찰관이 모자를 확인하며 사다리를 타고 내려가고 있습니다. 빈 곳에 알맞은 그림의 수만큼 ○를 그리고, 빈칸에 알맞은 수를 써넣으시오.

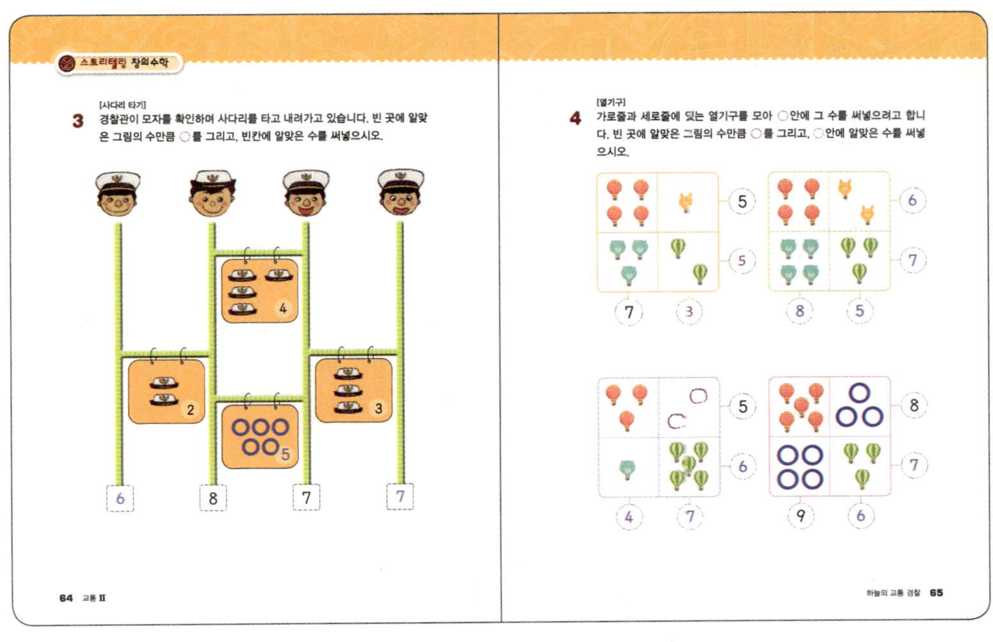

4 [열기구]
가로줄과 세로줄에 닿는 열기구를 모아 ○안에 그 수를 써넣으려고 합니다. 빈 곳에 알맞은 그림의 수만큼 ○를 그리고, ○안에 알맞은 수를 써넣으시오.

64 · 65

1 첫 번째 경찰관을 따라가 2와 어떤 수를 모으면 7이 되는지 생각해 보고, 빈 곳에 들어갈 그림의 수를 찾습니다.

2 가로줄과 세로줄에 써있는 수는 가로줄과 세로줄에 있는 열기구의 개수를 모은 것입니다. 가르기와 모으기를 활용하여 빈칸을 채웁니다.

III 교통 경찰

한 자리 수의 덧셈과 뺄셈은 수학에서 가장 기초가 되는 개념입니다. 이 단원에서는 교통 경찰과 교통 안전에 대한 상황을 바탕으로 덧셈과 뺄셈을 하고, 덧셈식과 뺄셈식을 쓰는 활동을 합니다. 아이들이 덧셈과 뺄셈이 필요한 상황을 인식하고, 알맞은 계산 방식을 선택할 수 있도록 지도합니다.

1 덧셈식을 쓰고 읽으며, 합이 9 이하인 덧셈을 할 수 있게 합니다.
2 뺄셈식을 쓰고 읽으며, 한 자리 수의 뺄셈을 할 수 있게 합니다.
3 수와 기호 +, −, =를 이용하여 덧셈식과 뺄셈식을 만들 수 있게 합니다.
4 복면산에서 각 그림이 나타내는 수를 찾게 합니다.

혼잡한 사거리를 교통 경찰관이 출동하여 정리하는 이야기입니다. 교통 경찰이 어떤 일을 하는지, 도로에서 교통 정리를 하는 모습을 본 경험이 있는지 이야기해 봅니다.

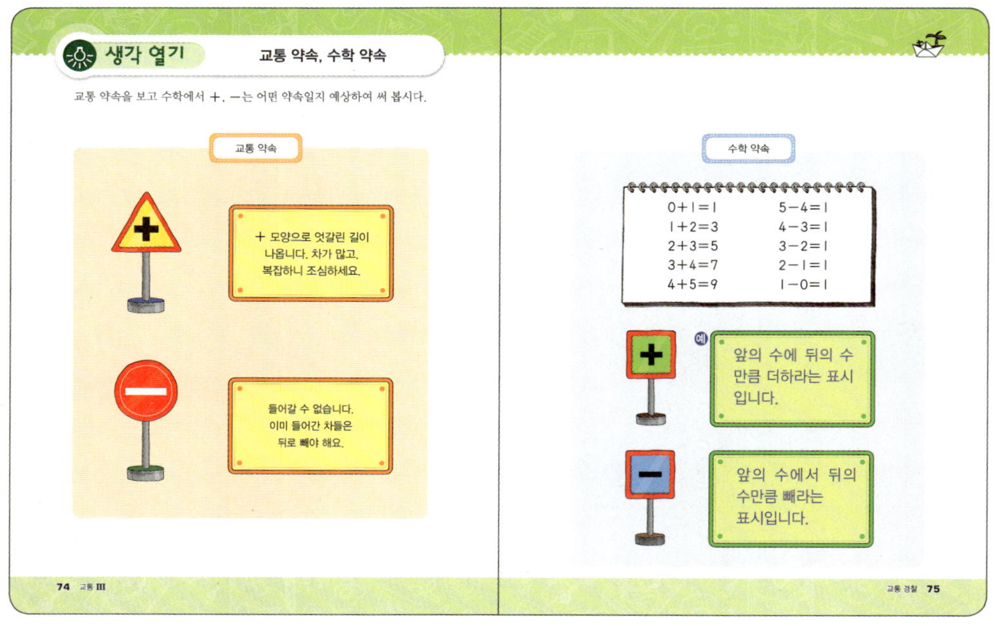

74 • 75

교통 표지판의 +, − 표시에 대해 알아보고, 수학에서의 +, − 표시는 어떤 것을 의미하는지 생각해 보게 합니다. +, − 기호를 처음 접하는 아이에게는 더욱 주의하여 기호의 의미와 쓰는 법을 지도해야 합니다.

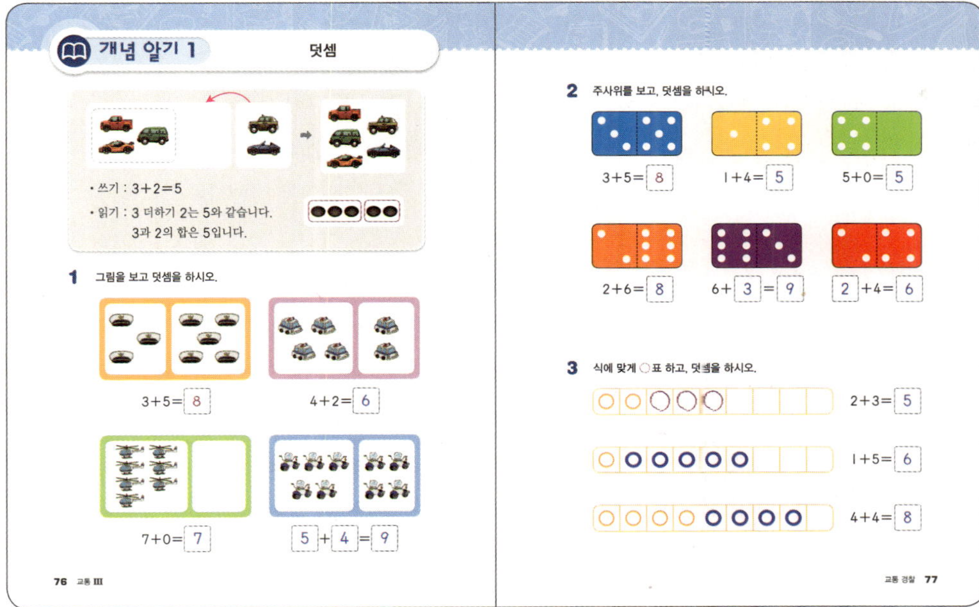

76 · 77

덧셈이 이루어지는 상황을 이해하고, 덧셈식을 쓰고, 덧셈을 할 수 있습니다.

1 왼쪽과 오른쪽에 있는 그림의 수를 세어 보고 덧셈을 합니다. 이때 덧셈의 상황(합병)을 이해할 수 있도록 지도합니다.

2 주사위는 덧셈과 뺄셈 활동에 좋은 교구입니다. 점의 개수를 세어 나타내고 덧셈을 할 수 있게 합니다. 또한 어떤 수에 0을 더하면 항상 어떤 수가 나옴을 알 수 있도록 지도합니다.

3 덧셈식에 맞게 더해지는 수만큼 ○ 표하여 나타냅니다. ○의 개수가 덧셈식의 결과가 됩니다.

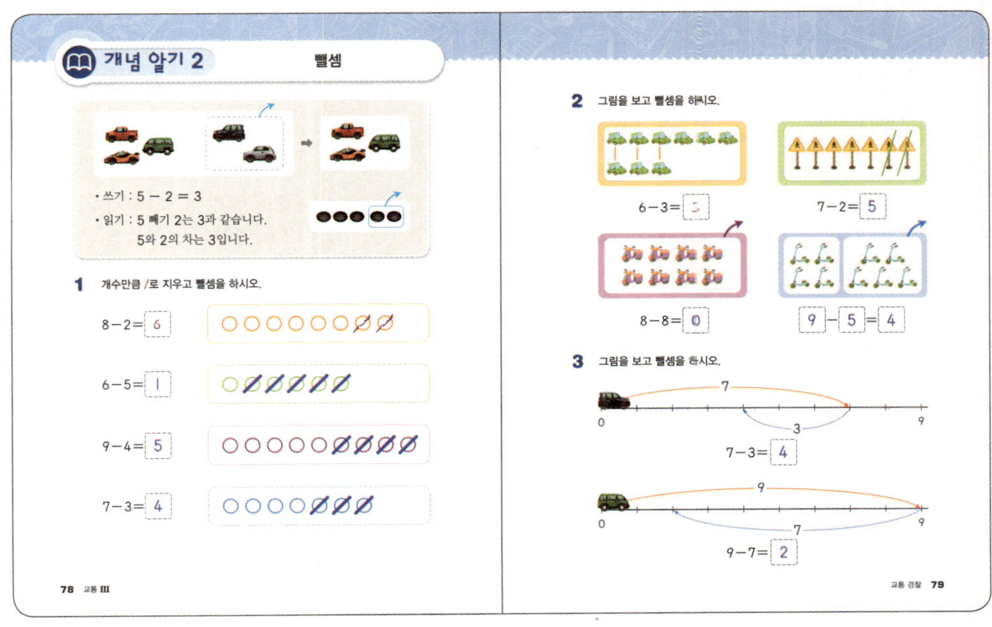

78 · 79

뺄셈이 이루어지는 상황을 이해하고, 뺄셈식을 쓰고, 뺄셈을 할 수 있습니다.

1 뺄셈의 상황에는 제거와 비교 2가지가 있습니다. 제거 방법을 이용하여 뺄셈을 이해할 수 있도록 합니다.

2 첫 번째 상황은 비교, 나머지 세 상황은 제거입니다. 그림을 보고 뺄셈의 상황을 이해할 수 있도록 지도합니다.

3 수직선의 화살표를 보고 뺄셈의 개념을 이해합니다. 화살표가 마지막으로 가리키는 눈금의 수가 뺄셈식의 답이 됩니다.

80 · 81

1 그림을 보고 덧셈 기호를 이용하여 알맞은 덧셈식을 씁니다.

2 그림을 보고 뺄셈 기호를 이용하여 알맞은 뺄셈식을 씁니다.

3 횡단보도를 수직선과 같이 오른쪽으로 가는 것을 덧셈, 왼쪽으로 가는 것을 뺄셈으로 생각하여 덧셈과 뺄셈을 해 봅니다. +, － 기호 뒤에 오는 수는 앞 화살표가 끝난 지점에서 출발해야 하며, 0에서 출발하지 않도록 주의합니다.

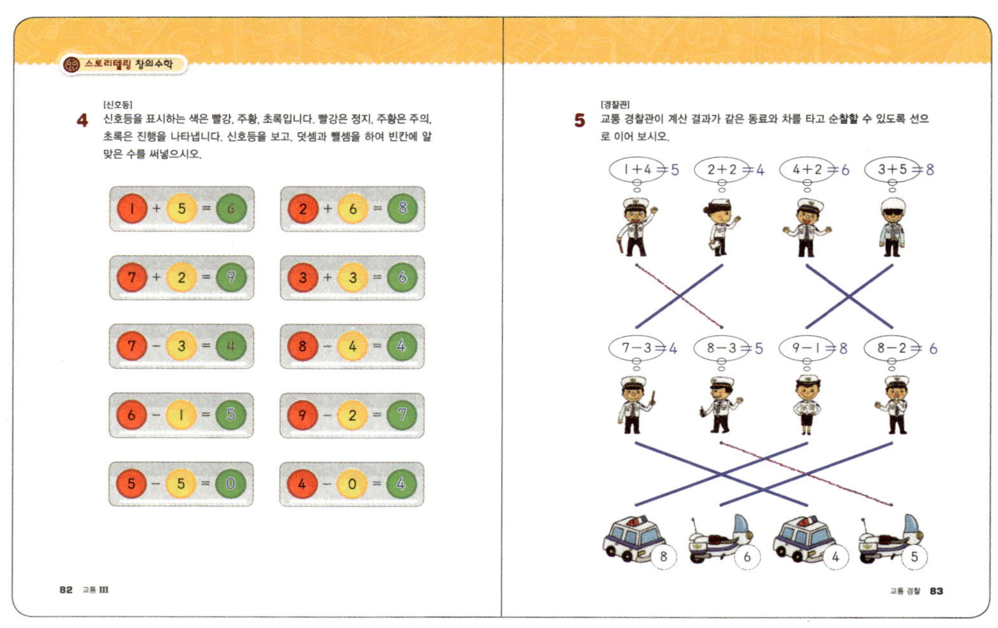

82 · 83

4 구체물이나 반구체물을 사용하지 않고 덧셈과 뺄셈을 합니다. 만약 식의 계산을 어려워한다면 ○를 그려서 식을 계산할 수 있도록 지도합니다.

5 덧셈과 뺄셈을 한 다음 계산 결과가 같은 덧셈식과 뺄셈식을 찾아 선으로 연결합니다.

수학 게임 — 그림에 알맞은 식 만들기

그림에 알맞은 식을 만들어 봅시다.

게임 방법

❶ 그림 카드를 보고, 덧셈식 또는 뺄셈식으로 만들어 씁니다.

❷ 하나의 그림을 보고 여러 개의 식을 만들 수도 있습니다.

$$4+3=7$$
$$4-3=1$$
$$7-4=3$$
$$7-3=4$$

❸ 식을 만들 때마다 경찰 배지가 그려진 붙임 딱지를 붙입니다.

그림 카드

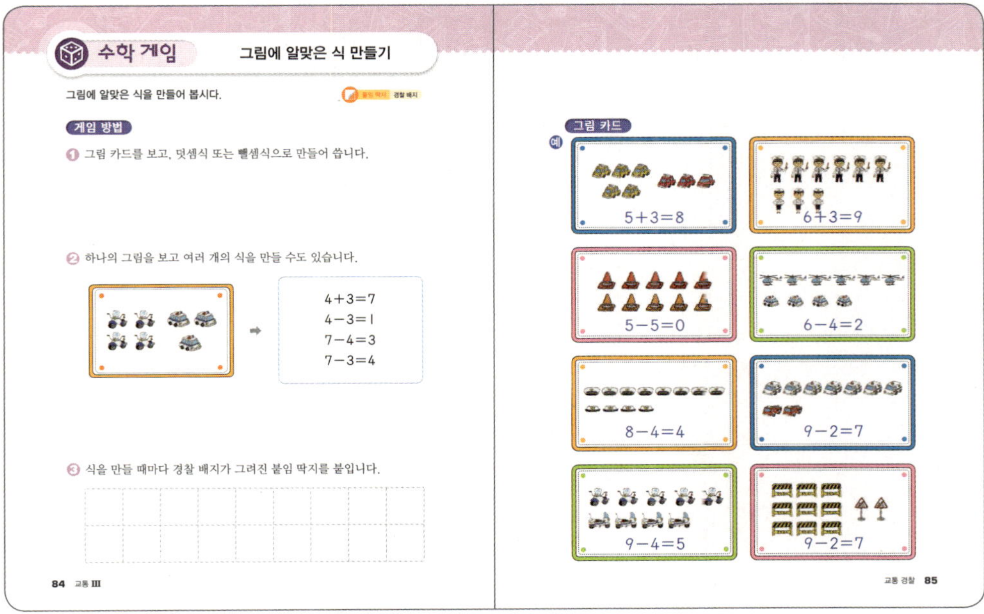

84 · 85

2가지 종류의 물건을 이용하여 덧셈식과 뺄셈식을 만들어 봅니다. 2가지 물건의 개수를 모두 더하는 식, 2가지 물건의 개수의 차를 구하는 식, 전체 개수에서 1가지 물건의 개수를 빼는 식을 만듭니다. 식을 만든 후 식의 의미에 대해 이야기해 봅니다.

생각 열기 — 교통 안전 카드

교통 안전 그림 카드를 보고, 덧셈식 또는 뺄셈식을 만들어 봅시다.

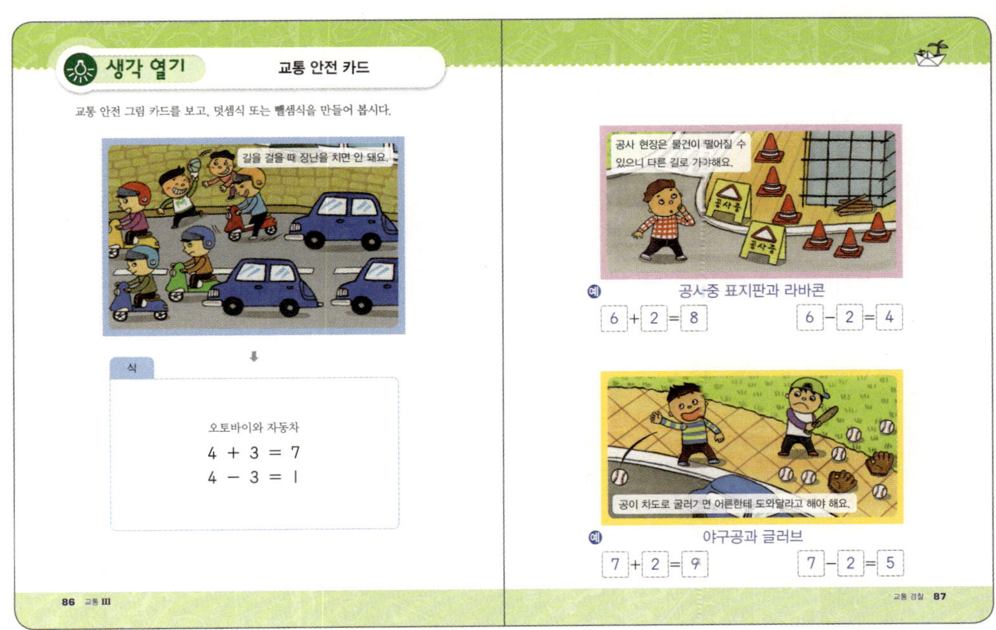

식

오토바이와 자동차
$$4 + 3 = 7$$
$$4 - 3 = 1$$

86 · 87

교통 안전 그림 카드에서 서로 다른 두 사물을 고르고, 수를 세어 덧셈식과 뺄셈식을 만들어 봅니다. 공사중 표지판과 라바콘, 야구공과 글러브의 수로 덧셈식과 뺄셈식을 만들어 볼뿐만 아니라, 아이가 그림을 보고 자유롭게 식을 만들 수 있도록 지도합니다. 교통 안전에 대해서도 이야기해 봅니다.

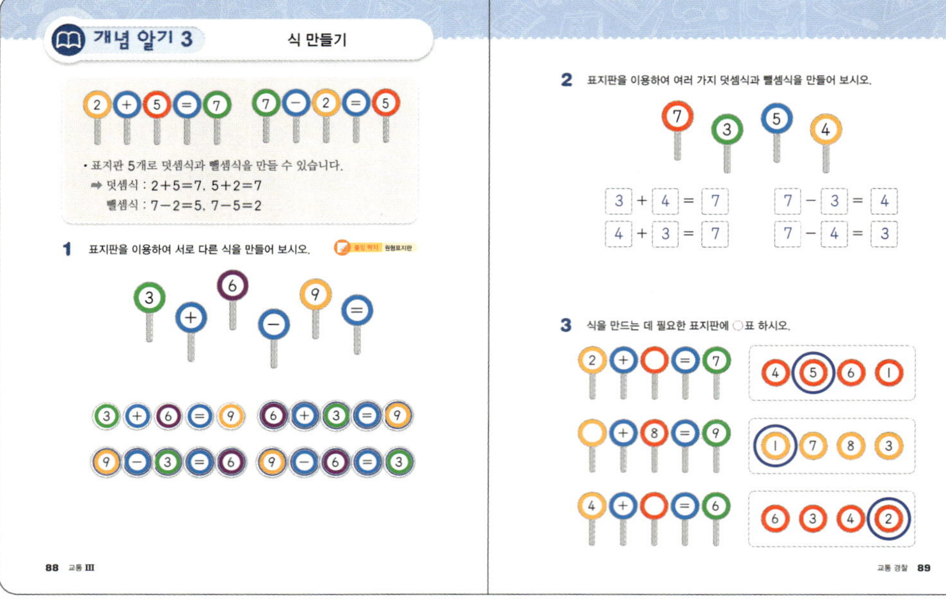

숫자와 기호 표지판으로 덧셈식과 뺄셈식을 만들어 봅니다.

1 표지판으로 덧셈식과 뺄셈식을 만듭니다. 덧셈식을 보고 뺄셈식을, 뺄셈식을 보고 덧셈식을 만들 수 있습니다.

2 숫자 표지판 3개를 골라 덧셈식과 뺄셈식을 만듭니다. 3, 4, 5 또는 7, 3, 5를 고르면 식을 만들 수 없습니다.

3 식을 완성하는데 필요한 표지판을 찾습니다. 식을 만드는 것을 어려워 하는 아이에게는 수만큼 ○를 그려 이해할 수 있게 도와줍니다.

복면산 퍼즐의 뜻을 알고 복면산을 해결해 봅니다.

1 같은 그림을 두 번 더한 식에서 하나의 그림이 나타내는 수를 알아낸 다음, 그 수를 이용하여 나머지 그림의 수를 찾아봅니다.

2 덧셈식과 뺄셈식이 섞여 있는 복면산에서 그림이 나타내는 수를 찾아냅니다. 그림이 나타내는 수를 찾은 다음에는 그림 대신 그 수를 넣어 식이 맞는지 확인하게 합니다.

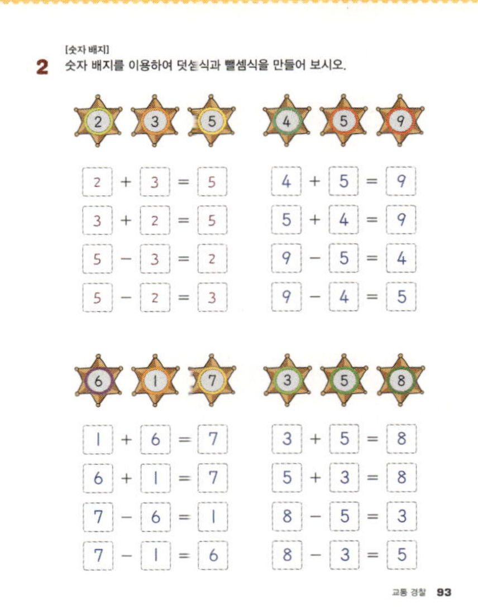

92 · 93

1 그림의 수를 세어 덧셈식과 뺄셈식을 만듭니다. 주어진 짝을 이용하지 않고 다르게 짝을 지어 덧셈식과 뺄셈식을 만들어 보는 것도 좋습니다.

2 주어진 3개의 수로 덧셈식과 뺄셈식을 2개씩 만들어 봅니다. 다른 수를 이용하여 덧셈식과 뺄셈식을 만들어 볼 수도 있습니다.

94 · 95

3 각 벌점 카드가 몇 점짜리인지 알아보는 복면산입니다. 아이들이 들고 있는 벌점 카드를 덧셈식으로 바꾸어 해결할 수 있게 합니다.

4 각 장난감의 무게를 구하는 복면산입니다. 두 장난감의 가격을 더하면 저울에 나타나는 무게가 된다는 것을 이용하여 덧셈식을 만들고, 식을 이용하여 해결해 봅니다.

IV 제주도 가는 길

목적지까지 가는 여러 가지 방법을 알아보고, 덧셈과 뺄셈을 이용하여 각 방법에 해당하는 길의 거리와 시간을 비교할 수 있도록 구성하였습니다.

1 덧셈을 이용하여 각 길의 거리를 구할 수 있게 합니다.
2 뺄셈을 이용하여 각 길의 거리를 구할 수 있게 합니다.
3 특정 위치를 지나 목적지까지 가는 길의 가짓수를 모두 찾을 수 있게 합니다.
4 덧셈을 이용하여 각 길을 가는 데 걸리는 시간을 구하고, 가장 빠른 길을 찾을 수 있게 합니다.

교통이 발달한 후 제주도까지 가는 방법과 걸리는 시간이 어떻게 달라졌는지 알아보고, 교통의 발달이 제주도 환경에 가져온 변화를 알아보는 이야기입니다. 여러 가지 방법의 길과 교통수단을 보고 가장 빠른 길에 대해 이야기해 봅니다.

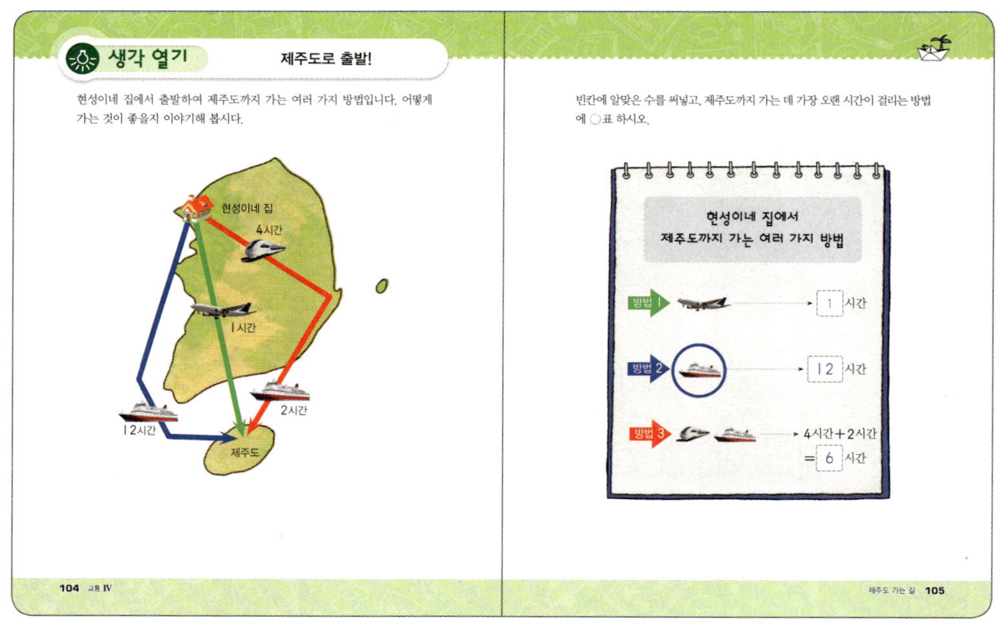

104 · 105

제주도까지 가기 위해 이용할 수 있는 여러 가지 교통수단을 살펴보고, 덧셈을 이용하여 걸리는 시간을 구합니다. 가장 빠른 길과 교통수단을 찾을 수 있도록 도와줍니다.

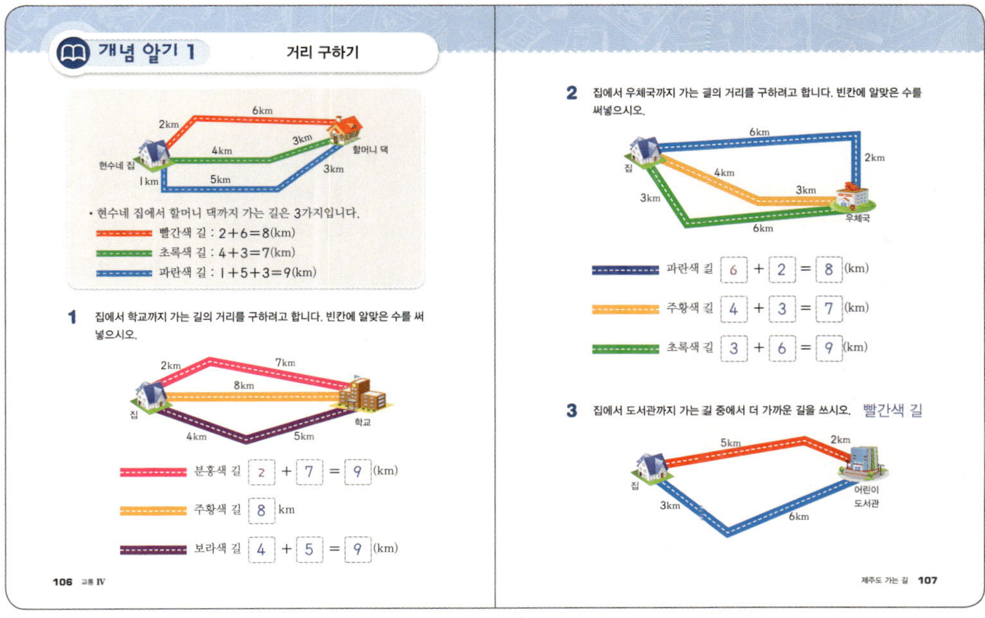

106 · 107

덧셈을 이용하여 각 길의 전체 거리를 구해 봅니다.

1 같은 색의 길의 거리를 더해 전체 길의 거리를 구합니다. 가장 짧은 길과 가장 긴 길을 찾아볼 수 있습니다.

2 같은 색의 길의 거리를 더해 전체 길의 거리를 구합니다. 가장 짧은 길과 가장 긴 길을 찾아볼 수 있습니다.

3 같은 색의 길의 거리를 더해 가장 짧은 길을 찾아봅니다.

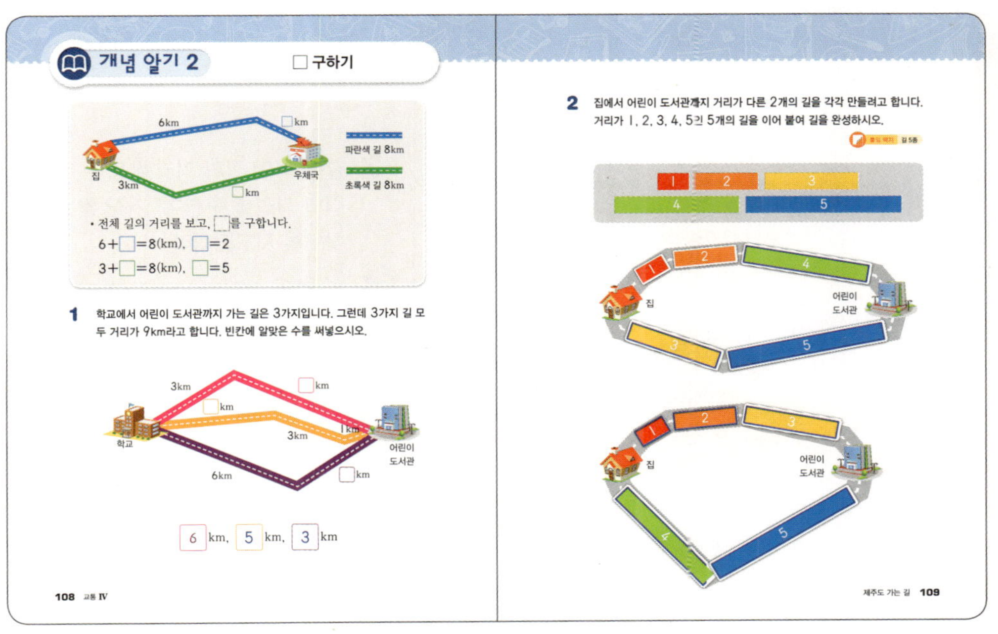

108 · 109

전체 길의 거리와 주어진 길의 거리의 차이를 이용하여 각 길의 거리를 구해 봅니다.

1 전체 길의 거리와 주어진 길의 거리의 차이로 남은 길의 거리를 구하게 합니다. 아이가 어려워할 경우, 주어진 길에서 얼만큼 더 가야 전체 거리가 되는지 예상해 보게 합니다.

2 두 수 또는 세 수를 더해 주어진 길이를 만들어 봅니다. 두 수 또는 세 수를 더하는 순서에 따라 길의 모양이 달라질 수 있다는 것을 확인합니다.

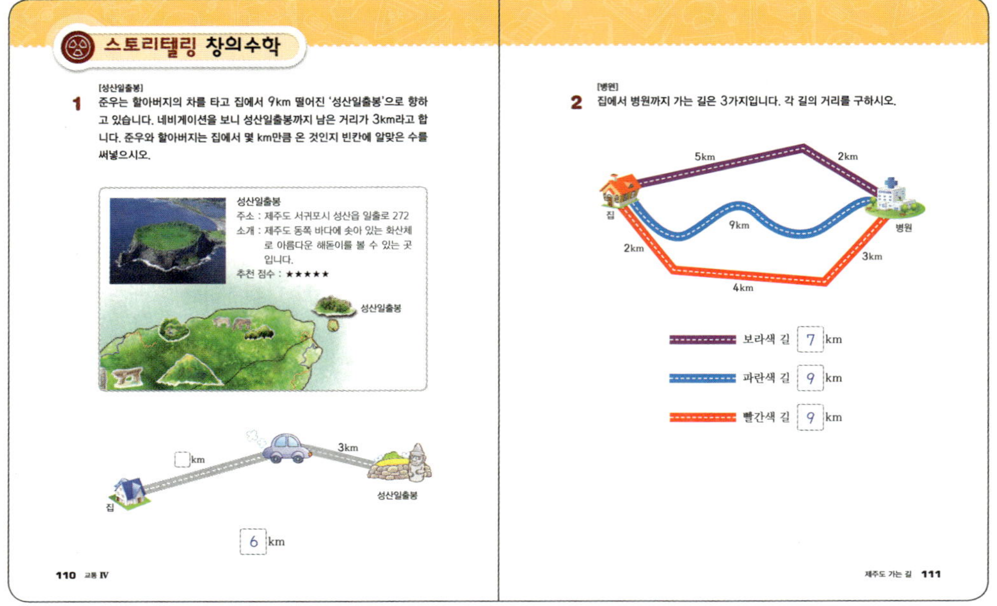

110 · 111

1 전체 길의 거리에서 남은 거리만큼을 빼어 지나온 길의 거리를 구합니다. 성산일출봉에서 집으로 가는 경우, 남은 거리를 구하는 것으로 문제를 해결할 수도 있습니다.

2 같은 색 길의 거리를 모두 더해 각 길의 총 거리를 구합니다. 가장 짧은 길과 가장 긴 길을 찾아볼 수도 있습니다.

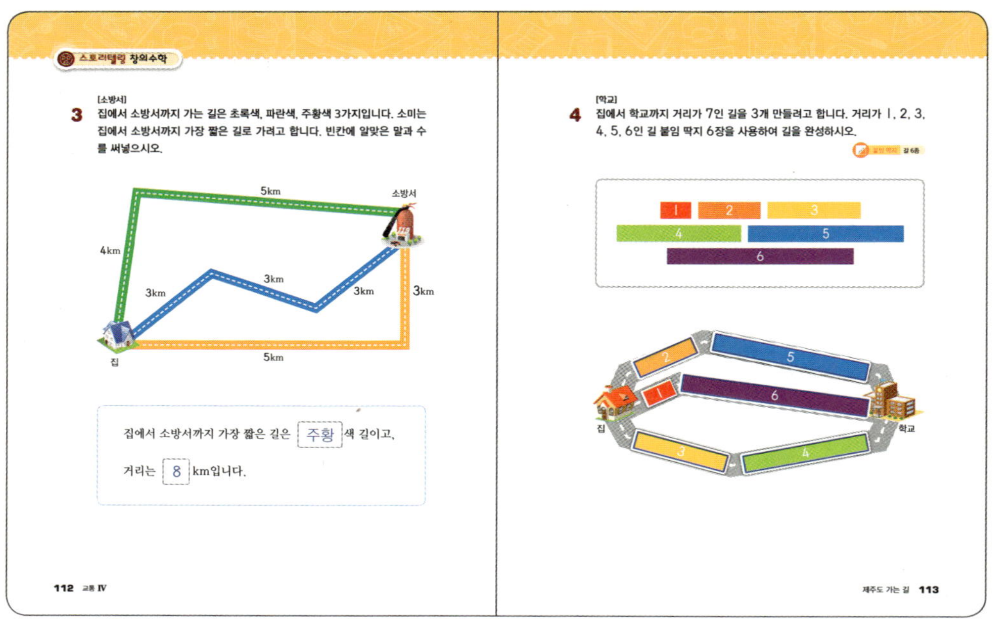

112 · 113

3 같은 색의 길의 거리를 모두 더해 각 길의 거리를 구한 후 가장 짧은 길을 찾도록 지도합니다.

4 두 길의 거리의 합이 7이 되도록 짝을 지어 봅니다. 짝지어진 두 길을 같은 길 위에 이어 붙여 거리가 7인 길 3개를 만들어 봅니다.

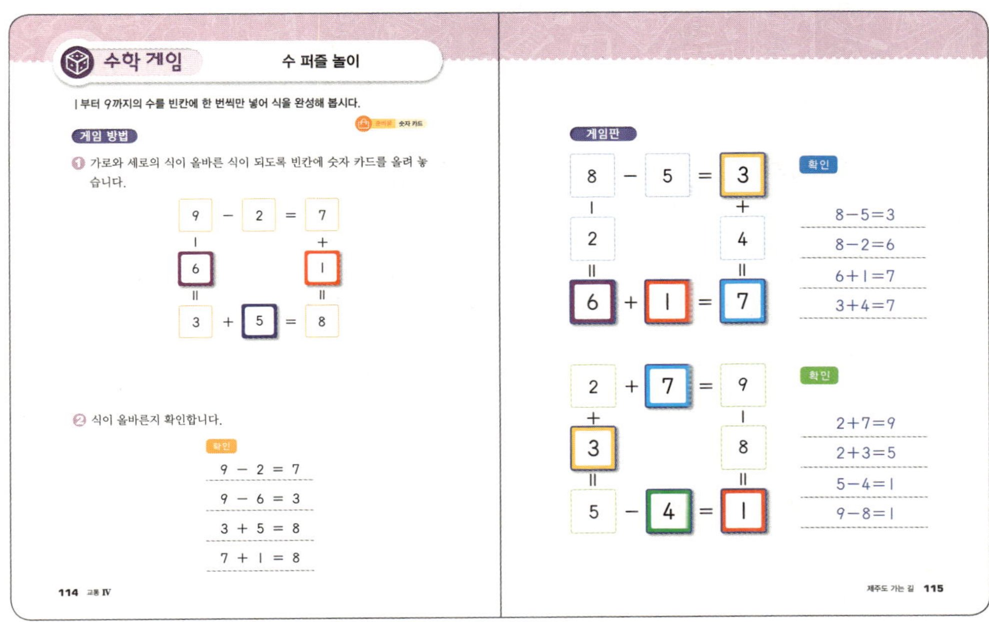

114 · 115

1부터 9까지의 수 중 8개의 수를 한 번씩만 사용하여 가로와 세로의 식을 완성하는 게임입니다. 1부터 9까지의 수를 나열하고 이미 문제에서 사용한 수를 지운 다음, 남은 수를 사용하여 빈칸을 채울 수 있도록 지도합니다.

116 · 117

서귀포시에서 출발하여 제주시까지 가는 방법은 4가지(2시간+3시간+3시간, 2시간+3시간+4시간+3시간, 2시간+3시간, 2시간+4시간+3시간)입니다. 4가지 방법의 길을 모두 찾아본 후, 9시간이 걸리는 길을 찾게 합니다.

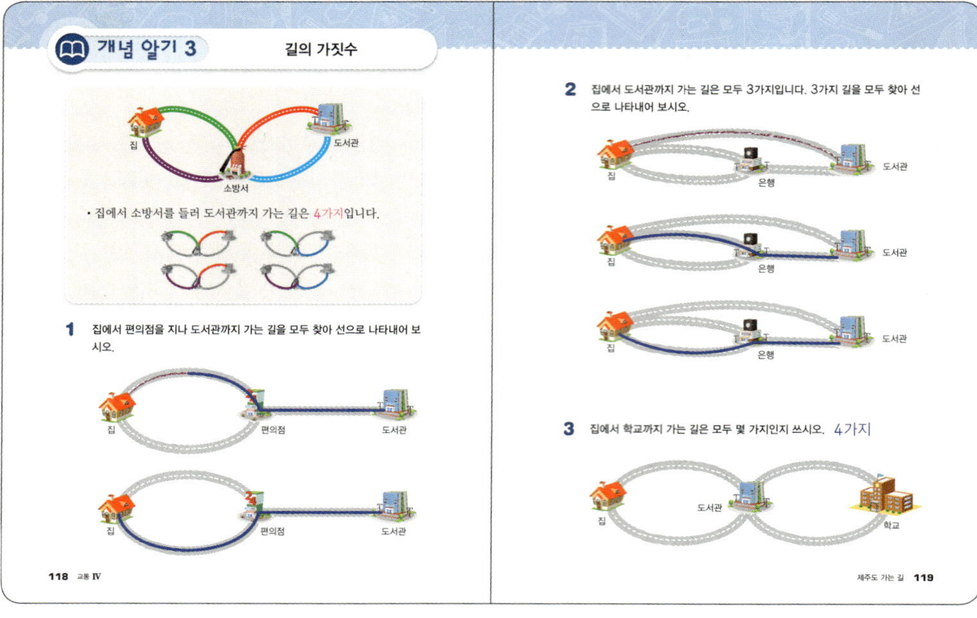

118 · 119

목적지까지 가는 길의 가짓수를 모두 찾아봅니다.

1 집에서 출발하여 편의점을 지나 어린이 도서관까지 가는 길은 2가지입니다.

2 집에서 은행을 거쳐 어린이 도서관까지 가는 방법은 2가지, 집에서 어린이 도서관으로 바로 가는 방법은 1가지입니다. 한번 지나간 곳은 다시 지나가지 않도록 주의합니다.

3 집에서 어린이 도서관을 지나 학교까지 가는 방법을 길을 그려가며 찾을 수 있습니다. 한번 지나간 곳은 다시 지나가지 않도록 주의합니다.

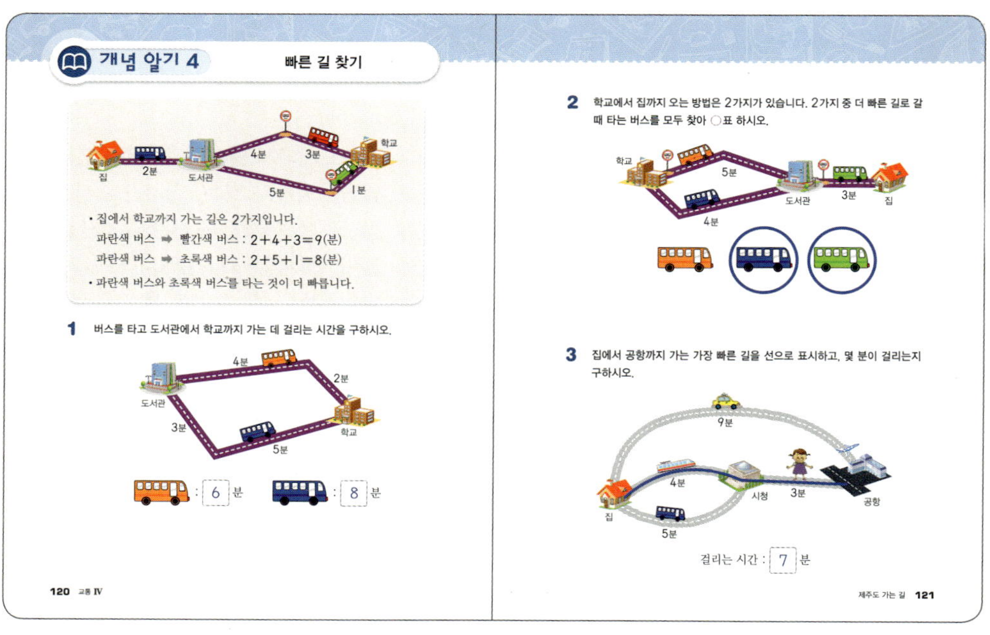

120 · 121

목적지까지 가는 길의 방법을 모두 찾고, 걸리는 시간을 구해 봅니다.

1 도서관에서 학교까지 가는데 걸리는 시간은 각 버스가 길을 지나는데 걸리는 시간을 각각 더해 구합니다.

2 학교에서 집까지 가는 방법 2가지를 찾아 표시해 보고, 각 방법의 길 위를 달리는 버스의 시간을 더합니다. 버스의 시간이 더 적게 걸리는 길이 더 빠른 길입니다.

3 집에서 공항까지 가는 방법은 총 3가지가 있습니다. 각 길에 놓인 교통수단의 시간을 더해 걸리는 시간을 비교합니다.

스토리텔링 창의수학

[과일 가게]
1 집에서 과일 가게까지 가는 길은 모두 몇 가지인지 구하시오.

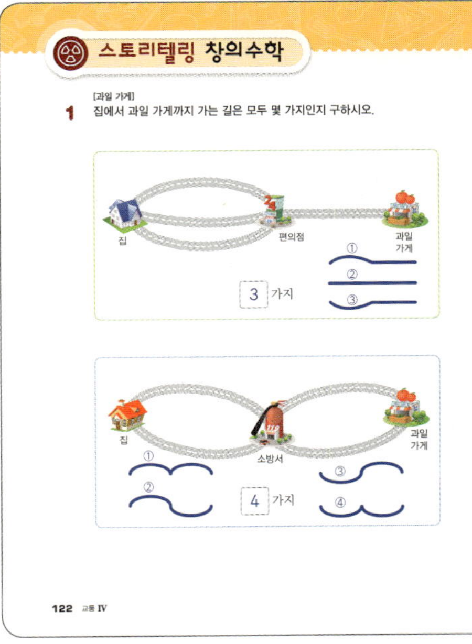

[수족관]
2 집에서 수족관까지 가는 가장 짧은 길을 선으로 표시하고, 그 길의 거리를 구하시오.

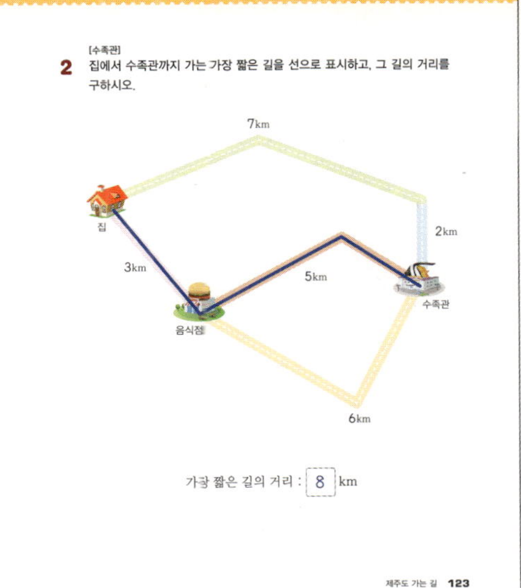

122 · 123

1 집에서 과일 가게까지 바로 가는 길은 없습니다. 과일 가게까지 가는 방법을 길 위에 직접 그려 보며 길의 가짓수를 세어 봅니다.

2 집에서 수족관까지 가는 방법은 집에서 수족관으로 바로 가는 방법 1가지, 집에서 음식점을 지나 수족관으로 가는 방법 2가지로 총 3가지입니다. 각 방법의 길의 거리를 구한 후, 가장 짧은 길의 거리를 찾아봅니다.

스토리텔링 창의수학

[천지연 폭포]
3 집에서 천지연 폭포까지 가는 길은 그림과 같습니다.

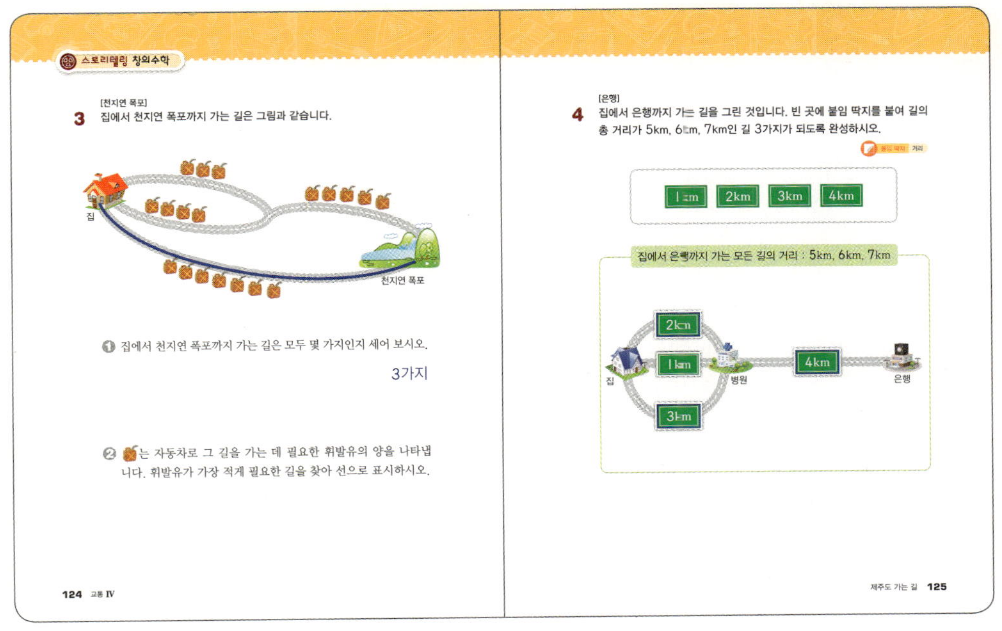

[은행]
4 집에서 은행까지 가는 길을 그린 것입니다. 빈 곳에 붙임 딱지를 붙여 길의 총 거리가 5km, 6km, 7km인 길 3가지가 되도록 완성하시오.

124 · 125

3 집에서 천지연 폭포까지 가는 방법은 3가지입니다. 각 길을 가는 데 필요한 휘발유의 양이 많다는 것은 그만큼 많이 달려야 하므로 거리가 긴 길이 된다는 것을 이해하고, 문제를 해결하게 합니다.

4 집에서 은행까지 가려면 병원을 지나가야 합니다. 집에서 병원까지 1km인 길을 지나갈 때, 집에서 은행까지 가는 길이 5km 또는 6km 또는 7km이므로 병원에서 은행까지의 길은 4km가 되어야 합니다. 따라서 남은 두 길이 2km, 3km가 됩니다.

MEMO

MEMO

우리 아이의 수학적 잠재력을 깨워주는
창의력 수학 노크

B1 교통으로
배우는 수학

창의력
수학
노크
B 단계